Rudolf Peiper

Die profane Komödie des Mittelalters

Rudolf Peiper

Die profane Komödie des Mittelalters

ISBN/EAN: 9783743384903

Hergestellt in Europa, USA, Kanada, Australien, Japan

Cover: Foto ©Thomas Meinert / pixelio.de

Manufactured and distributed by brebook publishing software (www.brebook.com)

Rudolf Peiper

Die profane Komödie des Mittelalters

Die profane Komoedie des Mittelalters.

Von

Rudolf Peiper.

Wie die moderne Cultur überhaupt, so wird auch das Drama der Neuzeit sicherlich in engerer oder weiterer Verbindung mit dem Alterthum stehen, und es darf der, der sich die Aufgabe stellt, diese Verbindung klar zu legen, die Glieder der Kette, welche das alte und neue Drama verbindet, ihrer Zahl und Beschaffenheit nach zu untersuchen, wol auf das Interesse eines weiteren Kreises rechnen. Dem Versuche, einen und den anderen Punct dieser Aufgabe zu lösen, sind die folgenden Blätter gewidmet.

Sprechen wir vom Alterthum als Quelle moderner Cultur, so weiss jeder, dass er zunächst an Rom zu denken hat, an die Sieger über Griechenland, die sich dessen Cultur anzueignen bestrebt waren, durch deren Vermittelung erst dem jüngeren Europa das Griechenthum überliefert worden ist. So ist es, und es müssen alle Versuche, das Griechenthum ohne Vermittelung des Römerthums kennen zu lernen, wie sie wol hin und wider gemacht worden sind und kürzlich von Seiten dieses und jenes Paedagogen wieder in Anregung gebracht wurden, von vorn herein als hinfällig bezeichnet werden.

Dass in Rom für das kunstmässige Drama kein günstiger Boden sich fand, die Römer besten Falls einige Dramatiker, doch kein Drama erzeugt haben, ist Thatsache. Die Tragoedie zog sich nach einigen verfehlten Versuchen, die Gunst eines grösseren Publicums sich zu erwerben, in die Säle der reichen zurück, getrieben von einigen wenigen Dilettanten mehr zur Qual als zum ergetzen derer, die durch ihre gesellschaftliche Stellung und Verbindung als Hörer zu erscheinen die Pflicht hatten. Auf die Bühne ist sie nach der Zeit des Pomponius, dessen Versuche* von keinem Erfolge gekrönt waren, nie mehr gekommen, ja es hat sich wol nach dem Ablauf des ersten christlichen Jahrhunderts selten jemand auch nur an ein Lesetrauerspiel gewagt. Wenn wir die Nachtreter des Seneca, die den Agamemnon und Hercules auf dem Oeta verfasst, wenn wir den weit späteren Verfasser der Octavia** erwähnen, dürfte alles, was irgend geleistet worden, erschöpft sein. Im Verlaufe des Mittelalters haben von Seneca selbst und den genannten Stücken, die sicher nur der äussere Anschluss an des Philosophen Tragoedien der Vergessenheit entrissen, nur sehr wenige Kunde gehabt, und erst das anbrechende vierzehnte Jahrhundert hat sich ihrer wieder erinnert. Dass sie einen Einfluss im Mittelalter hätten ausüben können, ist von vorn herein so wenig anzunehmen, als zur Genüge erwiesen ist, dass sie ihn in der That nicht ausgeübt.

Wenig länger hat sich die Komoedie auf der Scene gehalten, zunächst in ihren Hauptvertretern Plautus und Terentius; die leichteren, dem Volkscharakter näher liegenden Erzeugnisse der komischen Muse, wie der Mimus, die Atellane, der Pantomimus, machten ihr bald den Rang streitig und verdrängten sie endlich ganz von der Bühne, hier und da noch den Stoff, den jene an Personen und Situationen, Charakterismen und Schilderungen darbot, sich aneignend und auf spätere Zeiten vererbend. Ein Lesepublicum blieb den Komoedien wol noch, aber von der Laune der Mode, dem wechselnden Geschmack der Zeiten waren sie in dieser Beziehung abhängig; sie tauchen ein und das andere Mal empor, um dann gänzlich zu verschwinden. So giengs dem Caecilius Statius; dasselbe Geschick hat Plautus bedroht***, und nur einer ists, der sich

---

* Wie wir aus Tacitus A. XI, 13 schliessen können; vgl. R. Peiper, Praefationis in Senecae tragoedias supplementum. Breslau 1870 (Programm des Magdalenaenms) S. 3.

** Hosidius Geta mit seiner aus Lappen des Vergil zusammengeflickten Medea darf, wie mir scheint, selbst neben einer Octavia nicht erwähnt werden.

*** Während Terentius durchs ganze Mittelalter hindurch fleissig gelesen wurde, wie die Tausende von Citaten beweisen, zeugt für die

über Wasser gehalten, Terentius, er, dessen Komoedien ein
Hauptbuch im Mittelalter waren, dem auch die Zeiten, da
mehr und mehr das Licht zum Durchbruch kam, in gleicher
Weise gehuldigt, voran die Reformatoren, bis ihn — erst in
unserem Jahrhunderte — das Geschick ereilt hat, von seinem
Vorläufer Plautus überflügelt zu werden und, wenn auch nicht
in Vergessenheit zu versinken, doch in eine sehr untergeord-
nete Stellung gegen letzteren zu gerathen. Was von diesem
in alter Zeit seinen Leserkreis fand, musste sich doch ein man-
gelhaftes Verständniss gefallen lassen, zum Theil der Sprache,
noch mehr des Metrums wegen, das dem Auge, wie dem Ohr
der nachchristlichen Leser ein unenträthseltes Geheimniss blieb.

Noch im Theodosianischen Zeitalter waren die beiden

Beschäftigung mit Plautus auch nicht ein directes Citat; denn was in
Angelo Mais Thesaurus novus latinitatis und Ermenricus Augiensis epistula sich findet, ist aus Priscian und ähnlichen Quellen geschöpft, vgl.
W. Meyer, Rheinisches Museum 1874, S. 179. Vincenz von Beauvais, der
berühmte Büchersammler, kennt nur die unechte Aulularia (Speculum
historicum VI, 55: „de omnibus autem Planti comoediis ex illa sola quae
dicitur Aulularia paucas morales et breves sententias excerptas hic in-
serui"). Wir wissen einzig nur von Bischof Rather von Verona, dass er
Plautus gelesen („Catullum numquam antea lectum, Plautum iam olim lego
neclectum". Vgl. Catulli liber ed. R. Ellis Oxonii 1867, S. VII, wo sich
Citate aus dem Persa finden, einer der Komoedien, die erst spät wieder
bekannt geworden sind). So scheint es nur dem Interesse weniger in
Zurückgezogenheit geniessender und der eigenen Production abholder
Klosterinsassen, die sich durch Horazische (Ars poet. 270) Antipathie nicht
beirren liessen, zu verdanken, dass die Plautinischen Lustspiele überhaupt
uns erhalten worden sind. In Deutschland zunächst haben wir die
Freunde des Plautus zu suchen, in dessen Süden die Haupthandschriften
im XI. und XII. Jahrhundert geschrieben sein mögen (cod. Camerarii,
s. XI und die aus einem und demselben, mit diesem gleichzeitigen Exemplare im folgenden Jahrhundert hergeleiteten codd. Decurtatus und Or-
sinianus). Durch sie ist in dem nächsten Jahrhundert so wenig eine
Erneuerung der Plautinischen Studien herbeigeführt worden, als durch
einige andere gleichzeitige Exemplare (z. B. den Codex Musei Britannici
S. XI); erst nach Petrarcas Zeit wurde eins, die ersten acht Komoedien
enthaltend, das nach Italien, wie es scheint, verschlagen worden war, die
Veranlassung zu weiterer Verbreitung durch Abschriften. Alle Exemplare des 14. und ein grosser Theil der im 15. Jahrhundert geschriebenen
gehen direct oder indirect auf dies Exemplar zurück.

Heroen der Komoedie in Ansehen, ja man versuchte sich in Nachahmungen, von denen uns eine erhalten ist: die Aulularia eines unbekannten, kein Kunstwerk freilich, und darum von wenigen beachtet, geachtet von niemand und doch für uns von hohem Werth*. Name und Stoff sind einer echten Plautinischen Komoedie entlehnt. Es ist ein Topf mit Gold, um dessen Schicksale es sich handelt; die Ausführungen und Verwickelungen sind bis auf wenige Anklänge an die alte Aulularia durchaus dem Plautus fremd, um so näher steht die Sprache dem Terentius, der mit ganzen Versen aushelfen muss. Nicht für die Aufführung war die Komoedie bestimmt: zur Unterhaltung im häuslichen Kreise und bei Tische hat sie der Dichter, wie er selbst sagt**, geschrieben, ein Gesprächsthema seines Gönners Rutilius (vielleicht des bekannten Dichters Rutilius Namatianus) aufgreifend, der die Leute, die stets über ihr Schicksal jammerten, belächelte und in philosophischem Gespräche das Unrecht solcher Klage bewies. Nicht in Prosa, nicht in Versen ist dies Werk geschrieben; es ist eine Prosa, die ihre, in der Länge nur annähernd einander gleichen Perioden häufig in trochaeischem oder jambischem Sylbenfall ausgehen lässt. Irre ich nicht, so meint der Dichter damit das längst verschollene Geheimniss der Terentianischen Technik wieder gefunden zu haben. „Wir würden," sagt er, „nicht wagen, auf die Bühne zu treten hinkenden Fusses, wenn wir nicht grossen und berühmten Führern in diesem verfahren nachfolgten". Mit solchen Führern können nur Plautus und Terenz gemeint sein, nimmermehr ein Dichter jenes Zeitalters selbst. Das verfahren des Verfassers sind wir im Stande durch einen Vergleich mit der Prosa der Hrotsvitha unserem Verständniss näher zu bringen. Wie der Verfasser der Aulularia durch das metrische Mittel trochaeischen Sylbenfalls, so verleiht sie

---

* Das erkannte der, der das Stück im Jahre 1564 zuerst gelehrten Kreisen zugänglich machte, Peter Daniel von Orleans, wol, und man hätte besser gethan, ihm nachzufühlen, statt stets und stets die Nase zu rümpfen und sogar, was diese Komoedie für die Kenntniss des sprachlichen Lebens bot, zu verschmähen.

** S. 3, 16 (Peiper): Nos fabellis atque mensis hunc libellum scripsimus.

der Prosa einen Schmuck durch das der rhythmischen Poesie eigene Mittel des Reims: und wie diese in pathetischen Stellen hin und wider eingemengten Reimpaare verleitet haben, grosse Theile dieser prosaischen christlichen Komoedien in Verszeilen zu zerstückeln*, so haben die versöhnlichen Schlüsse der Aulularia mehrere Bearbeiter verführt, mit Scharfsinn, aber oft grosser Gewaltsamkeit diese Komoedie in Verse umzugiessen, die mit den Worten des Verfassers selbst über seinen Hinkfuss in directen Widerspruch treten.

Die oben angegebene Bestimmung der Aulularia zur Tischunterhaltung hat man bei der Beurtheilung meist ganz ausser Acht gelassen oder mindestens nicht genügend gewürdigt. Sicher ist an der Fabel des Stückes nichts besonderes: sie ist weder gut erfunden, noch wahrscheinlich, am wenigsten ist sie komisch und ergetzlich, wie ein Dramaturg unserer Zeit richtig urtheilt**. Darin besteht denn auch der Haupttadel, weswegen wir diesem Stück nur untergeordneten Werth einräumen können; die Charakterzeichnung ist zugestandnermassen bemerkenswerth. Nicht bloss die Hauptfiguren des Querolus und des Parasiten Mandrogerus sind vortrefflich, der Sklave Pantomalus reiht sich ihnen würdig an, ein gleiches mag man von der Gestalt des Hausgeistes (Lar familiaris) sagen. Dass es der Handlung an Raschheit gebreche, darf man dem Dichter nicht zum Vorwurf machen, da gerade das verweilen bei einem Stoffe, das gedehntere abhandeln desselben dem Zwecke entsprechend ist, für den er sie geschrieben: den Rutilius zu unterhalten, dessen Methode (academico more!) er annimmt. Hier können wir freilich die für uns wenig verständliche

---

* Vgl. darüber R. Köpke, Hrotsuit von Gandersheim (Ottonische Studien II). Berlin 1869, S. 152—159.
** Klein, Geschichte des Dramas III, 638—643. Wir können uns nicht versagen ein Beispiel des unhistorischen Sinns, der in diesem Buche so reich vertreten ist, zur Erheiterung unserer Leser mitzutheilen. S. 643 sagt der Verfasser: „Der Plautinische Querolus gibt uns vorläufig eine Probe von dem Bestreben den einen der Schmutzflecken der altrömischen Gesellschaft und Komoedie, das Parasitenthum, im Feuer eines reineren, durch das Christenthum erst erschlossenen Läuterungssinnes: im Feuer menschlichen Liebeserbarmens zu tilgen."

langgedehnte Satire über römisches Priester- und Beamtenthum nicht völlig würdigen, ja selbst zur Beurtheilung, ob sie Witz genug aufweist, sind wir nicht ganz competent. Verständlicher und gewiss von manchem gern gelesen ist die Auseinandersetzung zwischen Lar und Querolus; entschiedene Anerkennung haben wir dem Monolog des Pantomalus zu zollen, der uns, wenn kein neues, doch ein lebendiges, anschauliches Bild des Kampfes der Herren mit den Sklaven gibt und zu manchem Seufzer über die Aehnlichkeit des modernen Sklaventhums veranlasst. Des Interesses entbehrt auch sicherlich nicht die Schlussscene, in der den Spitzfindigkeiten des Querolus die Kniffe des sich windenden Parasiten entgegengesetzt werden, der schliesslich doch unterducken muss. Das alles zusammen verleiht dem Stücke auch einen nicht unbedeutenden culturhistorischen Werth.

Den Umschwung, der sich auf der komischen Bühne der Römer vollzog, bezeichnet der Name der Muse, die fernerhin anstatt der Thalia auf derselben herrschte. Polymnia ist es, ehemals die Muse der Rhetorik, welche, wie ein späterer Dichter Cato sagt, „alles mit ihrer Hand deutet und durch die Gebärde spricht". Ein Gedicht der Blumenlese des Luxorius schildert sie ähnlich, aber schon mehr auf den Pantomimus hinweisend: „es wendet sich in leichten und wechselvollen Bewegungen Polymnia"*. Beide Epigramme kennen noch aus alter Ueberlieferung Thalia als komische Muse; wo es aber darauf ankommt, die tragische und komische Bühne in ihrem Gegensatz zu bezeichnen, sehen wir schon früh Melpomene und Polymnia einander gegenübergestellt. Diese beiden führt Martialis in Verbindung mit Kalliope als Vertreterinnen sämmtlicher höheren Arten der Poesie überhaupt an. „Nicht mags Melpomene, nicht mags Polyhymnia künden, Kalliope nicht

---

* Anthol. lat. n. 664 Ries.: signat cuncta manu loquiturque Polymnia gestu. Ebenda n. 88: Flectitur in faciles variosque Polymnia motus. Martialis IV, 31: Quod nec Melpomene, quod nec Polyhymnia possit, nec pia cum Phoebo dicere Calliope. Vgl. Cassiodori Variae IV, 51: His sunt additae orchestarum loquacissimae manus, linguosi digiti, silentium clamosum, expositio tacita; quam Musa Polymnia invenisse narratur ostendens homines posse et sine oris afflatu suum velle declarare.

fromm Phoebus Apollo gesellt." Seine Zeit ist, wenn ich nicht irre, die gewesen, wo beide noch gewissermassen in Streit mit einander lagen; denn da er sein Epigrammenwerk einmal zu schliessen gedenkt, weil ja sein Ruhm gross genug sei, lässt er „die neunte Muse" mit salbentriefendem Haar und Gewand auftreten und für den Soccus das Wort ergreifen. Nach der Aufzählung nun in den oben angeführten Epigrammen, die der Hesiodischen Anordnung folgen*, ist die neunte Muse die der Epik, Kalliope, also gerade die, gegen welche die neunte Muse des Martial sich erklärt. Die Charakteristik der letzteren lässt auf Thalia rathen, und in der That finden wir diese in anderen Aufzählungen, bei Martianus Capella und in der griechischen Anthologie, an dieser Stelle. Martialis hat folglich bald Polyhymnia, bald Thalia zur Vertreterin der Komik gemacht. Durchgesetzt ist Polyhymnias Sieg in der Zeit, da Dracontius seine Medea schrieb. „Nicht will ich," sagt der Dichter, „in diesem Liede singen, was die gelehrte Polymnia auf scherzender Schaubühne durch stumme Gebärde zu sprechen pflegt, oder was in erhabenem Pathos

---

* **Ordnung der Musen.** Der Hesiodischen Ordnung, Theog. 77, folgt Herodot und Metrodoros in der griechischen Anthologie Anal. II, 477, die latein. Anthologie, in den lange dem Ausonius (Idyll. 20) beigelegten, jetzt nach hds. Beglaubigung unter dem Namen Cato gedruckten Versen n. 664 und denen der Luxorianischen Anthologie n. 88, ingleichen, wie es scheint, die François-Vase (Conze, Götter und Heroen. XC); dieselbe Ordnung, nur dass Kalliope den ersten Platz bekommen und Thalia ausgedrängt und ans Ende gestellt ist, liegt Anal. II, 513 vor, sie könnte Martial benutzt haben. — Diese Ordnung ist mit der des Apollodor I, 3 verwandt: paarweise genommen (zuletzt freilich eine Trias) folgen sie bei ihm in derselben Ordnung, nur wird innerhalb der Paare die Ordnung ausser im ersten umgekehrt. — Wieder eine andere Anordnung findet sich in den Distichen, die ihre Statuen schildern, Anal. II, 520: das ist eine Verschmelzung der Ordnung des Hesiod und des Apollodor. (Vgl. a. Martianus Capella I, 28. II, 117.) Auf den beiden Sarkophagen, die Conze Tafel XCI gibt, folgen die Musen in ganz übereinstimmender Ordnung, indem sie auf dem aus Ostia stammenden paarweise, auf dem im British-Museum befindlichen, Constantinischer Zeit angehörigen, einzeln in symmetrischer Anordnung, die auf ihren Attributen beruht, hier um Euterpe, dort um Polyhymnia sich scharen; die Namen sind nicht angegeben. Welcher Quelle oder welchem Princip Goethe in Hermann und Dorothea folgt, ist mir unbekannt.

auf hohem Kothurne die bleiche Melpomene, wenn sie in tragischen Jamben sich erhebt: nur dich, Kalliope, fordern und begehren die Schwestern*." Ehe wir den dadurch ausgesprochenen Charakter der römischen Bühne späterer Zeit schildern, seien uns noch einige Bemerkungen gestattet, die sich hier am besten anreihen.

Die Musen sind niemals exclusive Vertreterinnen einer ganz bestimmten Form der Poesie gewesen. Wie dem Horaz die Melpomene als Muse des ernsten Gesanges überhaupt gilt, so macht Ovid, und mit ihm seine Nachfolger**, die Thalia zu seiner Schützerin; als der Repraesentantin des Soccus übergibt, wie wir gesehen, auch Martialis ihr sein Genre, die epigrammatische Satire. Schon um diese Zeit muss der Name der bedeutendsten Leistung dieser Classe, Komoedie, auf die ganze Classe übergegangen sein. Wenn der Bischof von Sevilla, Isidorus, als neue Gattung von Komikern die Satiriker Flaccus, Persius, Juvenalis und andere nennt**, so ist das darum nicht als seine eigene Erfindung zu betrachten. Bemerkenswerth ist dazu, dass derselbe an keiner der Stellen, wo er die Komoedie bespricht, für dieselbe ausdrücklich den Dialog fordert.

Wenn dies bei der Komoedie stattfand, betreffs deren man sich doch stets bei Terentius Raths erholen konnte, so wird mit der Tragoedie sicherlich ähnliches vorgegangen sein. Die Definition des tragischen ist durchs ganze Mittelalter die, welche aus des Boetius Worten in seinem Trost der Philosophie sich entnehmen liess (III, 2, 36): „was beweint die laute Klage

* Dracontii carmina minora ed. Fr. de Duhn X, 16 ff.:
                non illa canemus
   Quae solet in lepido Polyhymnia docta theatro
   Muta loqui . . .
   Vel quae grande boans longis sublata coturnis
   Pallida Melpomene, tragicis cum surgit iambis:
   Te modo, Calliope, poscunt optantque sorores —
(non illa musste für das nos illa der Hds. hergestellt werden).
** Ars. am. I, 264: inparibus vecta Thalea rotis. epist. Sapphus 84. Thalia auch bei Martial IV, 8, 12. Aratoris Thalia sagt noch ein gewisser Johannes Foldensis in einem Epigramm auf Arators Versification der Apostelgeschichte (Dümmler in Haupts Z. f. d. A. N. F. VI, S. 67.) — Isidorus VIII, 7, 7. — VIII, 7, 6. XVIII, 45. 46.

der Tragoedien anderes, als das Schicksal, welches unterschiedslos durch seinen Schlag glückliche Throne umstürzt?" Am Ausgange der Periode werden wir bei Chaucer dieselbe Erklärung finden; woher sollte das Mittelalter auch eine Idee von einer Tragoedie bekommen? Es war auf Boetius, auf Isidorus angewiesen. Notker von St. Gallen, in seiner deutsch-lateinischen Paraphrase der Consolatio, bemerkt zu der letzten Stelle: „Tragoedien sind trauervolle Gedichte, wie die sind, die Sophokles schrieb bei den Griechen über Vernichtung von Reichen und Städten, und sind entgegengesetzt den Komoedien, bei denen wir freudigen und ergetzlichen Ausgang wahrnehmen. Uns ist aber unkund, ob irgend lateinische Tragiker gefunden werden, so wir genug lateinische Komiker finden." Trauervolle Gedichte (luctuosa carmina) in dem eben angeführten Sinne waren nun vor allen die grossen nachvergilischen Epen, die im Mittelalter zu den gelesensten Büchern zählten, des Lucanus Pharsalia und des Statius Thebais, vor allen die Dichtung des Lucanus. Es darf kaum Wunder nehmen, dass er im Mittelalter als Repraesentant der Tragoedie erscheint, dass Honorius von Autun († um 1140), wenn er in seinem Buche de exilio animae et patria die Stadt der Grammatik mit ihren vier Castellen: Tragoedie, Komoedie, Satire und Ode, beschreibt, als Befehlshaber der Tragoedie den Lucanus nennt. Aber es bedarf immerhin einer äusseren, wenn auch vielleicht nur zufälligen, unbeabsichtigten Anregung zu einem solchen Schritte[*].

---

[*] Ueber den mittelalterlichen Begriff von Komoedie und Tragoedie vgl. E. du Méril Origines, S. 33, Not. 1. 2. F. Haase Miscell. liber III, S. 29 (Breslau 1861). C. W. Müller, Anm. zum Geta, S. 9, Not. 20. Mehusius in der Vita Ambrosii Traversarii S. CLXXII: In codice membranaceo bibliothecae Marcianae a quodam interprete qui Dantis infernum latine explicandum adorsus est, hacc scripta leguntur: „Accipit Dantes tres insignes poetas, quos imitatur in triplici stilo: Horatium in satira, Ovidium in comoedia, Lucanum in tragoedia" etc. Interpres tragoediarum Senecae qui in eadem Marciana custoditur: „Notandum tamen, quod quodlibet opus mere heroicum generaliter tragicum appellatur ab alta materia" etc. Hinc et Virgilii et Lucani poemata tragoedia dicta. — Codex bibliothecae Saibantis quae Veronae est epistolarum Ovidii: „Prologo sopra la comedia dell' Epistole d'Ovidio". Dante selbst hat in einem latein. Briefe (Domino Cani Grandi de Scala Veronensi) über die

Diese Anregung hat, wie ich glaube, ein Mann gegeben, der sehr wol noch die Grenzen der Tragik und Epik gekannt hat, der christliche Dichter Dracontius, von dem bisher nur ein Gedicht de Deo in 3 Büchern bekannt war, bis vor kurzem eine Anzahl in vieler Beziehung interessanter profaner Dichtungen, welche unbeachtet in der Borbonischen Bibliothek zu Neapel lagen, von F. von Duhn ans Licht gezogen worden sind, eine Publication, die wir trotz vielfacher Mängel, wie sie meistens solchen ersten Editionen anhaften, den böswilligen Nergeleien gegenüber, die sie erfahren hat, als höchst verdienstlich bezeichnen müssen. Darin finden wir eine Helena und eine Medea, kleine epische Versuche, deren Stoff offenbar aus dramatischen Erzeugnissen früherer Zeiten, wenn nicht ganz, doch grossentheils entlehnt ist. Die erste Publication der Helena, die schon etwas früher in einem Ergänzungsbande der Classici auctores des Cardinals Angelo Mai erfolgte, wurde mit der Muthmassung eingeführt und gewissermassen entschuldigt, dass dieser Dracontius auch der Verfasser eines zuerst 1858, dann öfter herausgegebenen kleinen Epos Orestes sei; eine genauere Vergleichung konnte diese Muthmassung, die von vielen Seiten Beistimmung fand, nur bestätigen. Kein anderer kann als Verfasser angesehen werden als Dracontius, und nur ein sehr billiges haschen nach neuem verbunden mit Oppositionsgelüst konnte sich versucht fühlen, dem verehrten

Inschrift seines Werkes gehandelt. Vgl. auch Dante de vulgari eloquio Venet. 1529 l. II. S. 72 fg. Chaucer nennt seine Erzählung Troilus und Cressida eine Tragoedie „my little tragedie". In der Einleitung zu seiner Erzählung erklärt der Mönch (Canterburygesch. v. 13979 Hertzberg) die Tragoedie als eine Geschichte in Versen, die einen Menschen schildere, der vom Gipfel der Grösse in Armuth und Ungemach gestürzt sei, und er beklagt nun „in der Tragoedie Art" Lucifer, Adam, Simson, Hercules, Nebucadnezar, Belsazar, Zenobia, Nero, Holofernes, Antiochus, Alexander, Julius Caesar, Croesus, Pedro von Spanien, Pedro von Cypern, Barnaba Visconti, Ugolino von Pisa. Kein Wunder, dass ferner jedes ergreifende Ereigniss, ob in Prosa oder Poesie geschildert, Tragoedie heisst. Quo tanta tragoedia generationis, sagt schon der Verfasser des Pseudo-Boetianischen Buches contra Eutychen et Nestorium 5, 81. Traicdia nostra braucht mit Vorliebe Eckehard IV, in den Casus Sti. Galli 103, 27 (vgl. 107, 12. 110, 16. 111, 20. 27. 115, 36. 125, 35. 137, 47. 146, 3).

Lehrer des Dracontius, Felix, es zuzuschieben. Dieser Orestes nun wird im Titel als tragoedia bezeichnet, vom Verfasser selbst, wie es scheint. Er redet in der Einleitung die tragische Muse an: „Dich flehe ich an, Melpomene, steig herab vom tragischen Kothurne und beim ertönen der Daktylen ruhe der Jambus." Den Jambus also, das Mass der Tragoedie, hat er noch gekannt, und sah er nicht selbst dramatische Bearbeitungen der Orestie, so hat er doch Kenntniss davon, dass diese Sage ehemals als tragischer Stoff beliebt gewesen, mit bewusstsein also giesst er den Stoff in eine andre Form um; hält er das heroische Metrum dafür geeignet, so muss schon vor ihm der Begriff des tragischen sich von der dramatischen Form und dem jambischen Mass frei zu machen gewusst haben. Wir wollen nicht darauf fussen, dass der Verfasser nach der Aufforderung an Melpomene vom Kothurn zu steigen nun nicht an Kalliope, die Muse des Epos, sich wendet, sondern die epische Umwandlung eben jener Muse der Tragoedie zu überlassen scheint (denn in X, 26 fordert er ja, wie oben gesagt, die epische Muse auf): schon das früher gesagte konnte ihn berechtigen, das Gedicht als Tragoedie zu bezeichnen, um seines Ursprungs wie seines Charakters willen. Zu bemerken ist, dass das Gedicht vielfach dem Lucan Redewendungen entnimmt, dass es in der ältesten Hds. hinter dem Epos des Lucan namenlos sich findet. Die Folge ist, dass es im Mittelalter als eine Tragoedie des Lucan selbst bezeichnet wird; denn heute nur in zwei Exemplaren überliefert, ist es doch während früherer Jahrhunderte nicht so unbekannt gewesen, wie man wol angenommen hat. Und auch die anderen Gedichte scheinen einer grösseren Verbreitung sich erfreut zu haben, als man der einzigen erhaltenen Hds. nach schliessen sollte*. Dass der Inhalt der Helena aus Dramen geflossen,

---

*) Spuren finde ich bei Peter von Eboli (vgl. Zarnckes L. C.-Bl. 1875 Sp. 242), Naso (von E. Dümmler herausgeg. in Haupts Z. f. d. A. 1874. S. 58 fg.) und anderen. Der Zusatz comoedia oder tragoedia findet sich weder bei Helena noch Medea; aber auch in dem jüngeren Exemplare des Orestes fehlt diese Angabe; das besser unterrichtete fünfzehnte Jahrhundert hat hier statt dessen fabula gesetzt — für uns ein genügender Beweis, dass in der vom Bernensis verschiedenen Hds., aus der der Mailänder

darauf führt freilich keine directe Erwähnung in dem Gedichte selbst. Der Dichter singt unter Anrufung des Homer, dessen Gegenwart den Beistand der Muse überflüssig macht, was die beiden Musensöhne (V. 23 uterque Musagenes), d. h. Homer und Vergil, übergangen haben, den Raub der Helena, ohne die dramatische Muse nur einmal zu erwähnen. Wenn er aber in den oben angeführten Einleitungsworten der Medea Polyhymnia und Melpomene abweisend die Kalliope zu Hilfe ruft, so scheint doch eben darin die Erinnerung an die Quellen zu liegen, denen er seine Stoffe entlehnt, wir finden darin nur eine andre Wendung für die im Orest an Melpomene gerichtete Aufforderung; diese Quellen waren sicher, wie der Inhalt erweisen kann, der Pantomimus, der wie die Tragoedie (von der noch des Hosidius Cento zeugt) mannigfach sich der Medeasage bemächtigt hat*.

Wir bemerkten oben, dass die Komoedie in höherem Sinne den niederen und einfachen Gattungen dieser Art auf der Bühne Platz machte. Eben diese drängten sich auch ins Privatleben ein, würdigere Unterhaltung beim Mahle, wie sie uns noch die Aulularia vorführt, musste weichen; alle Classen der Bevölkerung, reiche wie arme, konnten Erheiterung suchen in diesen Belustigungen, die ebenso grosse Pracht, wie die grösste Einfachheit in der Zurüstung zuliessen. Genügte doch unter Umständen eine Person, welche von der Natur mit der Gabe der Nachahmung ausgestattet war; so tritt Apollonius der Tyrier vor dem König Archistratus auf, zuerst als Citharoede, das Haupt bekränzt, mit der Lyra, dann legt er die Tracht des Komikers, d. h. Pantomimen, an und entzückt zum Schluss die

---

Codex abgeschrieben ist, ebenfalls tragoedia stand, und ein Anhalt für die Vermuthung, dass diese Bestimmung vom Verfasser selbst in die Urhandschrift gesetzt worden ist. Auf ähnliche Weise mögen diese Zusätze vom Schreiber der Neapolitan. Hds. unterdrückt worden sein.

* So schildert der Dichter Luxorius eine Pantomime Macedonia, welche Andromacha und die geraubte Helena darstellte (Antholog. lat. n. 310); ebendort wird ein Thersites angedeutet. Ein andrer Mime, wol derselben Zeit, war Mandrites (Anth. n. 386). Beider Leistungen und sittlicher Charakter werden nicht gerühmt; mehr gelobt wird der ungenannte in Anth. lat. n. 111.

schauenden als Tragiker*. Der enge Zusammenhang zunächst
mit dem romanischen Volkscharakter, wie er sich noch heutiges
Tages darstellt, ist offenbar: raschen Ergüssen der Laune huldigend war er eben darum für höhere Productionen auf diesem
Gebiete nicht befähigt. So knüpft sich der Mimus des Mittelalters an das römische Alterthum**, freilich ohne als eine
Nachahmung desselben betrachtet werden zu dürfen; was man
sonst für Bindeglieder zu finden gemeint hat zwischen alter
und neuer Zeit, sie sind sammt und sonders als unorganisch
zu verwerfen. Unter solchen Verhältnissen waren denn bald
die stehenden Theater kein nothwendiges Erforderniss mehr;
sie hätten sich nur halten können, wenn, wie früher, die regierenden Herren sich ihrer zur Belustigung der Volksmenge bedient hätten und das sacrale Band, das sie früher noch an
diese Stätten binden mochte, nicht gelöst worden wäre. Seit
Augustins Zeit verfielen sie (das theatrum Pompei hatte Theodorich nur als historisches Monument restaurieren lassen)***,
der Mimus band sich nun weder an Zeit noch Ort; frei und
ungebunden drang er wieder ins Volksleben hinein, aus dem
ihn höher strebende Geister einst auf die Bühne getragen und
zu veredeln gesucht hatten; wo irgend zur Freude ein Anlass
war und es hoch hergieng, da stellten sich seine Jünger ein,
bei den Hochzeiten und Hoflagern der grossen zumal, wo

---

* Historia Apollonii regis Tyri ed. A. Riese, c. 16, S. 20: „Rex
.. iussit ei tradi lyram. Egressus foras Apollonius induit statum (citharoedi), corona caput decoravit et accipiens lyram introivit triclinium, ut
omnes non Apollonium sed Apollinem aestimarent . . . Post haec deponens lyram induit statum comicum et inauditas actiones expressit,
deinde tragicum: nihilo minus mirabiliter placet. (Die Ergänzung von
citharoedi ist durchaus nothwendig.)

** Ueber den Mimus vergleiche L. Krahner in Z. f. A.-W. X. 1852,
S. 388. C. J. Grysar, der römische Mimus. Sitzungsberichte der Wiener
Akademie, philos.-histor. Cl. 1854. XII, S. 237—337. Für das Mittelalter fehlt es noch an einer ausreichenden Stellensammlung. Was K.
Goedeke u. a. (z. B. Du Méril Origines S. 7. Klein, Gesch. des Dramas
II, 649 ff., 664 ff. III, 635. IV, 1, 604 u. a. O.) in steter Wiederholung
geben, will in keiner Beziehung ausreichen. Für Italien vgl. Muratori
Anecd. IV, 99.

*** Cassiodori Var. IV, 51.

Hunderte und Tausende sich sammelten, zunächst wol Theilnehmer der Freude, fortgerissen durch die überwogende Heiterkeit — und da meist improvisirend — dann mancher, der am freudigen Tag, wo der Mensch zum geben geneigter, seinen Zoll von den Festgenossen zu erheben gewillt war, mit Hilfe seines Talentes — hier also mit gewissen Vorbereitungen*. In seinen Bereich zog der Mimus schliesslich alle Künste: in aller Entartung (die Anwendung von Bären wird z. B. öfter erwähnt), wie sie der wechselnde Bildungsstand der Zeiten, der Stände und der einzelnen mit sich brachte, blieb ihm doch immer die Mimik (imitatio)**, die Nachahmung und Darstellung eigen, ob er nun seine Jünger als Tänzer, selbst auf dem Seile (ein Seilreiter wird sogar erwähnt), als Rhapsoden oder als Narren in die Welt sandte, ob sie der Bühne (scaena) sich bedienten oder auf der Strasse (platea) ihre Schaustellungen dem Publicum anboten, was dann auf Gerüsten geschah (plutei). Das Gewerbe dieser Acteurs — histriones, mimi, pantomimi sind die gewöhnlichen, ohne bestimmte Scheidung, wie es in der Sache lag, gebrauchten Namen*** — war ein unsicheres, darum und auch wegen des unzüchtigen Tons und Inhalts ihrer Vorträge im allgemeinen bis auf wenige Ausnahmen von Kirche, Staat und Gesellschaft missachtetes†, nicht bloss bei den der Zuchtlosigkeit fröhnenden Gliedern dieser Classe, die wir als Vaganten (varnde diet), leccatores und ribaldi, trutanni,

---

* So im Jahre 871 bei der Hochzeit des Boso und der Irmengard (Saxo Anual.), bei der des Bonifatius 1039, (Donizo) Heinrichs mit Agnes in Ingelheim 1074, Galeatius mit Beatrix 1300. Othlo (visio 23), im elften Jahrhundert, erzählt von einem histrio Vollare (Volkere?), der mit acht anderen zu einer Hochzeit nach Sachsen zog. Bei Anton Scaligers Hochzeit im J. 1382 waren 200 Histrionen vertreten (Hist. Vicent. Conforti Pulicis), nach der Chronik von Cesena waren im J. 1324 gar 1500 auf einmal versammelt.

** Isidor XV, 49.

*** Auch scenici, thymelici, saltatores, cantatores, ioculatores u. a. m.

† Die Kleriker werden oft vor diesem Umgange gewarnt, und immer wird ihnen der Besuch derartiger Schauspiele durch Concilsbeschlüsse bei schwerer Strafe untersagt. — Thomas von Aquino spricht besser von ihnen, vorausgesetzt, dass sie züchtig spielen. Bei Hofe waren sie oft gern gesehen. Als Philipp August sie aus Frankreich vertrieb, nahm Richard I. sie auf.

scurrae und nugatores, ioculatores, balatrones hypocritae und unter einer Menge andrer, nicht gerade schmeichelhafter Benennungen bis in die letzten Zeiten des Mittelalters in allen Landen des westlichen Europa antreffen; aber wir finden doch so viele Freunde dieser Spiele und ihrer Darsteller unter den wahrhaft gebildeten und auch geistiger Unterhaltung zugethanen Leuten, dass wir die besseren Elemente und die schlechteren nothwendig verschieden beurtheilen müssen.

Die Schilderung Isidors* dürfte die allgemeinen Erfordernisse für alle Arten durch das ganze Mittelalter hindurch angeben. Danach ist als Haupterforderniss zu erachten: gestus und corporis flexus (oder motus), der Ausdruck einer Empfindung durch Gebärde und Bewegung des ganzen Körpers; hinzu treten in zweiter Reihe voces und modi, organa und lyrae, Stimme und Takt (Melodie?) und Instrumentalmusik, theils zur Begleitung, theils wol auch in selbständigem Vortrag. Dialog war gewiss nicht überall erforderlich, aber er wird häufig genug angewendet worden sein; zum dialogisieren zeigte das Mittelalter eine ausserordentliche Neigung in Vers, wie in Prosa, selbst in der geistlichen Lyrik. Daher die vielen Streitgedichte, wie das von Phyllis und Flora, die sich streiten, ob die Liebe eines Kriegers oder eines Klerikers vorzuziehen sei, der Streit zwischen Wasser und Wein, zwischen Fliege und Mücke, zwischen Körper und Seele, Bekehrungsversuche in Prosa (z. B. Dialog des Walther von Chatillon zwischen Christen und Juden), Katechismen in Frage und Antwort zwischen Lehrer und Schüler über die Wissenschaften. Mit dieser Neigung aber stand die andere in gleicher Höhe: lebendig zu erzählen und erzählen zu hören. Das Mittelalter strotzt von grossen und kleinen Geschichten, Anekdoten und Fabeln, züchtigen wie unzüchtigen; überall hörte man erzählen, nicht am wenigsten von der Canzel. Ein gut Theil liegt uns vor in den Gesta Romanorum, im Petrus Alfonsus, in Boccaccios Decamerone u. s. w.** Man dürfte sich nicht wundern, wenn

---

* Isidor XVIII, 51; danach Johannes Salisb. Polycr. I, c. 8.
** Wie schwer es hielt, sich von dem Erzählerton frei zu machen, dafür liefert Mussatus in einer seiner Tragoedien ein schlagendes Bei-

diese beiden Neigungen in gewissen Beziehungen sich zu verschmelzen verstanden hätten.

Die Wahl zwischen Vulgärsprache und Latein entschied sicherlich so gut, wie den Charakter der Aufführung selbst, der Kreis, für den die Aufführung bestimmt war. Der begabtere und dann auch gewiss höherer Bildung nicht bare Mime dürfte sich schwerlich zur Unterhaltung der untersten Volksschichten erniedrigt haben: er verstand sein Latein, wie die von Klerikern durchsetzten Kreise der Höfe, denen man ja auch die carmina Burana, die Lieder des Archipoeta u. a. grossentheils verdankt. Wer gar seine Leistung aufschrieb, sei's mit oder ohne Rücksicht auf die Nachwelt, wer also an der Litteratur sich betheiligte, für den blieb vor dem Ausgang des zwölften Jahrhunderts fast nur die Wahl der lateinischen Sprache.

Wir haben nun in der That bestimmte Zeugnisse dafür, dass jene Aufführungen nicht immer bloss improvisiert und für den Augenblick berechnet waren. Ruotger* bemerkt in der Lebensbeschreibung seines Lehrers, des Erzbischofs Bruno von Cöln, des jüngsten Bruders Otto des Grossen († 965): „scurrilia et mimica in comoediis et tragoediis ipse semper serio lectitabat"; er nennt diese Stücke ausdrücklich „a personis variis edita"; trotzdem brauchen wir nicht an wirkliche Dramen zu denken. Die Hauptsache freilich ist für uns, dass Bruno diese Stücke ihrer Sprache wegen oft gelesen hat. Es mag manches litterarische Erzeugniss des Mittelalters untergegangen sein, sicher aber haben nicht ganze Classen litterarischer Producte ihren Untergang finden können. Unter dem, was wir heute kennen, muss sich (falls jene Leute, was doch gar nicht zu bezweifeln, auch litterarisch thätig waren) das und jenes auch aus diesem Zweige der Kunstübung erhalten finden. Wir

---

spiel, da er einmal den Abgang einer der Personen von der Bühne nicht durch einen mitspielenden andeuten lässt, sondern selbst ihn berichtet.

* Ruotgeri vita Brunonis Pertz MM. VI, 257, 22: Scurrilia et mimica quae in comoediis et tragoediis a personis variis edita quidam concrepantes risu se infinito concutiunt, ipse semper serio lectitabat: materiam pro minimo, auctoritatem in verborum compositionibus pro maximo putabat.

können da zunächst aussondern die Dichtungen der Troubadours, ferner die zahlreichen geistlichen Spiele; absehen müssen wir von den Liedern der Goliarden, da, wenn ursprünglich Zusammenhang zwischen ihnen und den Mimen und Histrionen vorhanden war, dieser sich bereits gelöst. Was bleibt uns da von litterarischen Leistungen auf dem Gebiete des profanen Mimus? Es sind ohne Zweifel die Dichtungen in elegischem Metrum, denen das Mittelalter selbst den Namen Komoedie gegeben. Wie der Orestes in der Form dem Lucan sich anschliesst, dem der Dichter selbst so manches Wort abgeborgt hat, so entlehnt diese Dichtungsart ihre metrische Form und damit auch ihre sprachlichen Mittel, wie Hunderte von Reminiscenzen bezeugen, dem Ovid. Wenn der Anschluss an den Mimus bei den frühsten Leistungen in diesem Genre unzweifelhaft ist, wenn vieles darauf hindeutet, dass diese aus Dialog und Erzählung gemischten Gedichte vor dem Publicum mit lebhafter Gesticulation und im Stimmenwechsel durch einen oder mehrere Mimen vorgetragen worden sind, so musste doch, als die Stubengelehrten sich mehr und mehr dieses Genres bemächtigten und dies Moment zurücktrat, der Dialog, der vielfach stattfand, dem reinen Erzählerton, der häufig recht langweilig wurde, weichen und ein reines Lesestück daraus werden. Das Ovidianische Metrum musste in der Zeit des Verfalls selbst für tragische Stoffe herhalten: es wurde dann als allgemein giltiges Metrum für jeden beliebigen epischen oder didaktischen Stoff verwerthet.

Wann und wo diese Komoedie entstanden, wir wissen es nicht. Vom ganzen Mittelalter aber als Muster dieser Gattung anerkannt wurde der

Geta oder Amphitruo des Vitalis.*

Wer dieser Vitalis war, wann und wo er gelebt, ist nicht überliefert. Die jüngeren Handschriften fügen zu seinem Namen

---

* Vitalis Blesensis Amphitryon et Aulularia Eclogae ed. Fr. Osannus Darmstadii MDCCCXXXVI. — C. G. Muelleri Analectorum Bernensium part. II: Vitalis Blesensis Geta comoedia. Bernae MDCCCXXXX (Index lectionum in univ. litt. Bernensi aest. eiusdem anni). Von den unzähligen Hdss., die häufig ohne den Namen des Verfassers den Geta

hinzu Blesensis; danach würde er aus Blois herstammen oder eine für ihn wichtige Zeit seines Lebens dort zugebracht haben. Da die besseren Quellen seines Gedichts davon nichts wissen und durch kein weiteres Zeugniss eine solche Verbindung mit Blois bestätigt wird, so ist es wahrscheinlich, dass ein oder der andere Schreiber irrthümlich auf Grund einer Verwechselung mit einem später lebenden Dichter, Wilhelm von Blois, dessen wir weiterhin gedenken werden, ihm diese Heimat beigelegt hat. Gelebt hat Vitalis jedesfalls nach dem Verfasser jener, dem Rutilius gewidmeten Aulularia des fünften Jahrhunderts, die er umgearbeitet hat, und sicher vor oder in dem elften Jahrhundert, dem die älteste Hds. des Amphitruo, zu Bern, angehört; doch auch ohne diesen Rückhalt dürften wir ihn nicht viel später hinabrücken, denn Gerhoh in seinen Biographien der Formbacher Aebte († 1169), Vincenz von Beauvais († 1264), Matthaeus von Vendôme († um 1200), Eberhard von Bethune (um 1212), Galfred (um 1199) u. a. kennen und citieren ihn bereits. Und früh ist sein Ruhm ins Lied gedrungen; in dem Streitgedicht zwischen Wasser und Wein (mit dem Anfange Denudata veritate, C. Burana S. 232 n. 173)*

---

oder Amphitryon enthalten, welcher nicht selten nach seinen Anfangsworten den Titel „Graecorum studia" führt, ist kritisch einzig und allein der dem XI. Jahrhundert angehörige Bernensis zu gebrauchen. — Der Text der Aulularia, den Osann nach der Ausgabe des Rittershusius vom Jahre 1595 gibt, leidet an vielen Gebrechen, die durch Edéléstand du Mérils Mittheilungen aus einem Douaischen Codex (in Poésies inédites du moyen âge 1854, S. 443 ff. nur zum Theil berichtet werden. Andere Hdss. sind bisher nicht bekannt geworden, eine sehr junge in Kloster Lambach erwähnt Mone Anzeiger VIII, 321.

* Tu scis linguas impedire,
   Titubando solet ire
   Tua sumens basia,
   Verba recte non discernens
   Centum putat esse cernens
   Duo luminaria.

Et qui tuus (Bacchi) est amator
Homicida fornicator,
Davus, Geta, Birria,
Tales tibi famulantur,
Tales de te gloriantur
Tabernali curia.

Die Namen sind sämmtlich Sklavennamen des Terentius (im Phormio, den Adelphi und der Andria), dem auch Thais und Sanga entlehnt sind (Eunuch). Ueber den Santia des Vitalis sieh unten. Gelegentlich will ich bemerken, dass Arcas für Mercur auch bei Dracontius de Deo II, 585 erscheint.

schmäht das Wasser den Wein folgendermassen, die Sklavennamen unserer Komoedie verwendend:

> Du weisst Zungen lahm zu legen.
> Wankend pflegt sich der zu regen,
> Welcher deinen Kuss geschmeckt;
> Worte kann er nicht mehr trennen,
> Hundert Lichter sieht er brennen,
> Sind gleich zwei nur angesteckt.
>
> Und wer dich, o Bacchus, liebet,
> Todtschlags pflegt und Unzucht übet;
> Davus, Geta, Birria,
> Solche sinds, die dein sich freuen,
> Die sich deinem Dienste weihen
> In der Kneipencuria.

Von diesem langen Zeitraum, innerhalb dessen seine Existenz gesichert, ein bedeutendes abzuziehen erlaubt, neben dem Ton und Charakter des ganzen verglichen mit den weiter zu erwähnenden Erzeugnissen der folgenden Jahrhunderte, die immerhin nicht geringe Anzahl von Elisionen, sowie die nicht zu bezweifelnde Entlehnung des Stoffes aus der gleichnamigen Komoedie des Plautus, der später nicht mehr bekannt war. Wir haben gutes Recht, das Leben des Vitalis ins achte oder neunte Jahrhundert zurück zu verlegen. Damit gewinnen wir auch Aufschluss über seine Persönlichkeit und eine Charakteristik seiner Leistungen, die mit der aus seinen Komoedien gewonnenen wol zusammenstimmt. Es findet sich nämlich in mehreren Handschriften, deren älteste dem neunten Jahrhundert entstammt, neben den bekannten Distichen, die den Namen Cato an ihrer Spitze tragen, die Grabschrift eines Mimen Vitalis, die der Mittheilung werth scheint*: sicherlich stammt sie von ihm selbst.

---

* Epitaphium Vitalis mimi.

> Quid tibi mors faciam, quae nulli parcere nosti?
>   nescis laetitiam, nescis amare iocos.
> Ilis ego praevalui toto notissimus orbi,
>   hinc mihi larga domus, hinc mihi census erat.
> 5 Gaudebam semper. quid enim, si gaudia desint,
>   hic vagus ac fallax utile mundus habet?
> Me riso rabidi subito cecidere furores,
>   ridebat summus me veniente dolor.

Grabschrift des Mimen Vitalis.

Wie soll ich, Tod, dich bestehn, der du keinen Menschen verschonest!
Fröhlichkeit magst du nicht, heiterem Scherz bist du fremd;
Durch sie ward ich berühmt auf dem ganzen Kreise der Erde,
durch sie füllt' ich mein Haus, Reichthum verliehen sie mir.
5 Immer war ich vergnügt: was beut für ein anderes Gut denn,
fehlet dir heiterer Sinn, launisch und falsch diese Welt?
Wenn ich erschien, urplötzlich verstummte der Leidenschaft
toben,
trat Vitalis herein, lachte der bitterste Schmerz.

    Non licuit quemquam mordacibus urere curis
10 nec rerum incerta mobilitate trahi.
    Vincebat cunctos praesentia nostra timores
et mecum felix quaelibet hora fuit.
    Motibus ac dictis, tragica quoque veste, placebam
exhilarans variis tristia corda modis.
15 Fingebam vultus, habitus ac verba loquentum,
ut plures uno creveris ore loqui.
    Ipse etiam, quem nostra oculis geminabat imago,
horruit in vultus se magis esse meos.
    O quotiens imitata meo se femina gestu
20 vidit et erubuit totaque capta fuit.
    Ergo quot in nostro ludebant corpore formae,
tot mecum pariter abstulit atra dies.
    Quo vos iam tristi turbatus deprecor ore,
qui tumulum legitis cum pietate meum:
25 O quam laetus eras, Vitalis, dicite maesti,
sint tibi, Vitalis, sint tibi laeta modo.

Die ersten beiden Verse citiert ohne Abweichung Ermenricus Augiensis in seiner epistula ad Grimoldum (ed. E. Dümmler, Halle 1873), S. 10, und auf den ersten spielt ebenderselbe wieder an, S. 34, mit den Worten: mors acerba quae nulli parcere novit. amare in amara zu verwandeln, wie Burmann und neuerdings Bücheler bei Riese gethan, war ein Missgriff. nescit amare novos sagt Vitalis im Amphitryon V. 18, vgl. dazu folgende Stellen des Dracontius (ed. Duhn, 1873) VIII, 337 nescit servire, V, 196 paupertas conferre metus, adferre pavorem novit; Dracontius de Deo III, 47 meus avara Dat poenas animi, quae se dum nescit amare Diligit heredem, ein Vers den S. Columbanus ad Sethum V. 41 sich angeeignet hat: dum sese nescit amare Plus amat heredem; ad Hunaldum V. 8 sagt derselbe: nescit habere modum vanis mens dedita curis. Nicht alle Handschriften dieses Gedichts sind bis jetzt benutzt Ein Vaticanus ist noch rückständig, ich glaube

Nicht stand Sorgen es frei, den zehrenden, jemand zu quälen; -
10   Angst vor dem schwanken Bestand irdischer Dinge entwich.
Unsere Gegenwart vernichtete jede Befürchtung;
jegliche Stunde mit mir war eine Stunde voll Glück.
Durch Bewegung gefiel ich und Wort, im Tragoedengewand
selbst,
bannend traurigen Sinn durch meiner Weisen Gemisch.
15   Dar stell' ich die Gesichter, die Haltung, der sprechenden Worte,
dass du aus einem Mund mehre zu hören vermeint.
Der selbst, den meine Kunst dem schauenden gleichsam ver-
doppelt,
findet erschreckt sein Bild treuer in mir als bei sich.
O wie so oft, ahmt' nach ich in ihrem Wesen die Frauen,
20   sahn sie erröthend sich selbst voller Bestürzung in mir. —

Christinae No. 479, ein Bruchstück s. IX, vgl. Pertz' Archiv XII, 283 (der andre von A. Mai benutzte wird Christ. 1578, s. XI sein, der auch die Disticha des Cato enthält, vgl. Archiv XII, 322), ferner Reginensis 2078, s. IX—X, f. 121 (Reifferscheid B. P. L. J. I, 321); aus welcher Handschrift mag Peter Daniel in seinen Excerpten (Berner Handschriften 268 No. 8) es geschöpft haben? Die Handschrift, der Ermenricus seine Kenntniss des Gedichts verdankt, führt ebenso wie Reginensis den Vitalis als filius Catonis auf, was also nicht erst ein Fehler der jüngeren Pariser Handschrift ist. Zu V. 1 vgl. den Anfang des Gedichts Anthol. lat. Riese No. 80: Nil mihi mors faciet. Die Ueberlieferung der Handschriften in V. 16 crederis beruht nicht auf einer Licenz des Dichters (= credideris), noch ist der metrische Fehler crederes ihm zuzumuthen, sondern man muss creveris schreiben. V. 18 esse, en se oder isse die Handschriften, man kann vielleicht hierzu Ecbasis 1170 vergleichen: In te se discat, qui iuste vivere tardat. V. 19 imitata passiv; oder mutata? V. 20 die Handschriften geben compta, mmata, mata in mota corrigiert; ich habe capta gewählt. V. 21 quod Hdss., uidebantur und uideantur Hdss., ridebant fand Hauthal, was mir nicht so unverständlich erscheint als dem Recensenten von Hauthals Ausgabe des Cato, in Zarnckes L. C.-Bl., und besser als ridebant c. formas, was E. Baehrens in Fleckeisens Jahrb. 1872, S. 49 vorgeschlagen; dem ridebant ziehe ich jedoch ludebant vor. V. 22 raptor und rapitor die Hdss., wo für Pithoeus raptas geschrieben, ich pariter. V. 24. tumulum hat Burmann überflüssig in titulum geändert: legere war nicht in der Bedeutung lesen, sondern streifen, vorüberwandern zu nehmen. An der Kirchthür von S. Marcello Maggiore zu Capua stehen die Worte: Rogo vos omnes qui legite tumulum istum, rogate deum pro Andualt illustri, qui fuit natus ex genere Andualt primus comes Capue. (Pertz' Archiv XII, 494). Ganz anders Ausonius Epigr. 94, 3: Qui legis hunc titulum. Da ist von der Aufschrift eines Gürtels die Rede.

So viel also Gestalten in spielendem Wechsel ich zeigte,
so viel entführte mit mir grausam der Tag des Geschicks.
Darum bitt' ich euch nun, verstört, mit traurigem Munde,
euch, die ihr frommen Gemüths wandelt dem Hügel vorbei:
25 „O wie warst du doch heiter, Vitalis!" sprechet in Trauer,
„sei, Vitalis, o sei lautere Freude dein Theil!"

Ob nun dieser Vitalis auch mit dem Dichter identisch ist, von dem sich eine Anzahl Erzeugnisse unter die Dichtungen der sogenannten zwölf Weisen in die lateinische Anthologie* geflüchtet haben, mag dahin gestellt bleiben; sie finden sich gleichfalls in jener alten Handschrift von Zürich. Eine Pariser Handschrift macht ihn irrthümlich zum Sohne des obengenannten Cato, obwol dieser Name nicht den Verfasser bedeutet, sondern als Titel jener Sentenzensammlung anzusehen ist. Die Kunst, deren sich Vitalis in seiner Grabschrift rühmt — denn offenbar ist er selbst der Verfasser — befähigte ihn wol, die Komoedie, die seinen Namen führt, zur vollen Geltung zu bringen. Der Inhalt derselben möge im Auszuge mitgetheilt werden.

Amphitruo ist mit seinem Sklaven Geta nach Athen gegangen, um dort philosophischen Studien obzuliegen. Seine Abwesenheit benutzt Juppiter zu einem Besuch bei Alcmena. Er lässt ihr durch Arcas (d. h. Hermes) in Gestalt des Geta melden, dass ihr Gatte zurückkehre, und kommt dann selbst als Amphitruo zu ihr. Vorher hatte auf ein Gerücht, dass ihr Gemahl wiederkehre, Alcmena ihren Sklaven Birria, um Erkundigungen einzuziehen, zum Hafen entsandt, unwillig ist dieser faule Schlingel fortgegangen und schimpft weidlich über die Rauheit des Weges, über seine Gebieterin, die ihn wol nur fortgeschickt, um unbemerkt einen Liebhaber einzulassen, auf Geta seinen Obersklaven, der ihn schlecht genug behandelt. Ehe er zum Hafen kommt, ist Amphitruo wirklich gelandet und sendet seinen Geta mit den Büchern, deren Studium in Athen er obgelegen, voraus. Ihn sieht Birria aus der Ferne kommen mit seiner Last, die sicherlich seinen

---

* Carmina XII sapientum: Anthologia latina ed. Riesius n. 495—638.

Schultern aufgepackt wird, wenn er sich nicht aus dem Staube macht: er kriecht in eine Höhle. Doch Geta hat ihn bereits erblickt. Ohne das merken zu lassen, nähert er sich dem Schlupfwinkel und, seine Bürde ablegend, hält er ein Selbstgespräch: zunächst Klagen über die Schwere seiner Last, Zorn, dass Birria ihm nicht entgegenkommt, sie ihm abzunehmen. Voll Freude, dem entronnen zu sein, vernimmt dieser es in seinem Versteck. Die Bücher erinnern den Geta an das, was er in Athen ausgestanden: Kälte, Hunger, Durst, Mangel an Schlaf. Sein Herr hat über dem studieren der körperlichen Bedürfnisse wenig geachtet, der Sklave ist dabei noch schlimmer gefahren. Aber, sagt er, als Preis dieser Mühen bringe ich auch erstaunliche Weisheit mit und schon vermag ich zu beweisen, dass der Mensch ein Esel sei; wenn ich zu Hause hinter dem Herde und der vollen Schüssel sitze, will ich ihnen beweisen, dass der ein Esel, jener ein Ochs. Ich bin ein Logiker, ich will sie alle zu jeglichem Thier machen; der faule Birria muss zunächst dran als Esel. — Birria bei sich: Ich soll ein Esel werden? Was mir die Natur gegeben, soll jener mir nehmen? Ich will ihm alle seine Probleme so (und er ballt die Faust) lösen. Geta fährt fort: Auch das hab' ich gelernt, dass nichts vergehen kann. Was einmal etwas ist, kann nicht ein nichts sein. Es muss immer existieren, aber es ändert sein Aussehen und erneuert sein Wesen. So kann ich also nicht nicht-sein. Birria: Da wird Geta also ewig leben, wenn er die Wahrheit sagt. Geta: Alles vernichtet der Tod. Selbst Plato und Sokrates sollen ihm erlegen sein. Jedoch der Ruhm wird leben — doch auch der wird mit dem Tode untergehen: alles zerstört der Tod. Birria: Nun widerspricht er sich: eben noch bewies er, dass nichts ein Ende nehmen solle, und sogleich zeigt er, dass alles mit dem Tode aufhöre. Geta: Ich will gehen — aber was raschelt und murmelt da in der Höhle? Sieh ein Hase, eine prächtige Beute! Ich will Steine nehmen, da Netze und Hunde nicht zur Hand sind. Ob er heraus will oder nicht, ich will ihn mit den Steinen todtwerfen. Birria: Wehe dass ich mich verkroch, nun soll ich doch sterben, wehe dass ich den Mund nicht hielt und mich selbst verrathen musste. —

Geta wirft und tritt und schlägt nach Birria, dieser bittet flehentlich um Gnade und gibt sich zu erkennen. Geta: Weshalb hast du dich versteckt? Es konnte dich einer unvorsichtiger Weise todtschlagen. Birria: Wer heisst dich auch alles, was sich verkriecht, mit Steinen werfen? Der Mond verkriecht sich, wenn er will, Birria, wenn er kann. Geta: Rasch nach dem Schiffe, Birria! deiner Schultern harren da noch grosse Lasten. Oder — trag du mir lieber dies kleine Packet. Birria: Kleines Packet? Wer kann solche Last schleppen? Geta: O das wird dir gegen andre Lasten bald leicht vorkommen. Als ich den grössten Pack nehmen wollte, sagte der Herr: lass das, nimm dir das leichte hier, Birria ist jetzt im Müssiggange stark geworden, der soll ganze Berge schleppen. Birria: Weisst du, behalt dir dein Packet. Da ich doch dran muss, will ich lieber noch warten, so lange es geht. — Sie trennen sich, Birria schleicht zum Hafen, Geta nach Haus, voll Vergnügen sich ausmalend, wie ihn Santia, Sango, Davus und die anderen bewundern werden als Magister, wie er selbst frei werden und seinen eigenen Sklaven Muster und Vorbild in grossen Dingen sein wird. — Aber was heisst das? Alcmena kommt ihm nicht entgegen, die Thür ist zu, alles still? Er klopft vergebens: da tritt Arcas in Getas Gestalt an die Thür und heisst ihn fortgehen. Geta ist ganz verwirrt: „Wer spricht da mit mir? Das ist doch an Stimme und Körper Geta? Wer ausser Geta kann Getas Stimme haben?" Er fordert nochmals Einlass: Geta sei zurückgekehrt. „Der ist längst zurück, antwortet Arcas, und Amphitruo freut sich wieder bei seiner Gemahlin zu sein. Auch Birria ist wieder heimgekommen, den Drohungen und Steine in seiner Höhle erschreckten. Halt deinen Mund und lass müde Leute schlafen." Geta zieht sich zurück entsetzt und überlegend. „Jener ist freilich Geta, Thatsachen und Stimme beweisen das. Ist Birria rascher und auf kürzerem Wege zurückgekehrt? Ich bin es, der mit mir spricht: aber wie ist es möglich, dass einer zu zwei Menschen wird, da er eben noch einer war? Alles was existiert ist eins, aber ich, der ich spreche, bin nicht einer: also ist Geta nichts; aber ein nichts kann es nicht geben. Einer war ich, als ich Einlass forderte, aber jener hat mich zum nichts gemacht. — Ist das etwa der Widerhall meiner Stimme gewesen? Ich will doch noch einmal hingehen und fragen, was für Füsse, Zähne, Hare er hat, ob er auch körperlich mir so ähnlich ist? Ich will ihn ausfragen nach Erlebnissen, nach seinen Sitten. Es ist doch ein grosser Kummer, ob einer zwei oder gar nichts ist. — Er ruft wieder, jener möge doch nur halb die Thüre öffnen, damit er ihn wenigstens sehen und vergleichen könne. Doch Arcas meint, Geta lasse sich nicht so leicht täuschen, das sei nur eine List, um einzudringen. Geta schimpft, droht mit Gewalt, ruft Alcmena um Beistand: Arcas lässt sich nicht schrecken. Da legt sich Geta aufs bitten, und Arcas lässt sich nun doch erweichen, eine getreue, eben nicht schmeichelhafte Schilderung seines äusseren zu geben, die trotz der Versicherung des Götterboten, er selbst sei der Geta, weil sie so durchaus auf den wirklichen passt, dessen Zweifel nicht zu heben geeignet ist. Da schildert denn Arcas auch seinen Charakter, seine Verliebtheit, seine Lüderlichkeit und Falschheit, endlich seine Erlebnisse in Athen, wie er dort seiner Thais die Cour gemacht, den Herren bestohlen u. a. m. Vor dieser Schilderung muss jeder Zweifel verstummen. „So sei du ich", meint Geta verzweifelnd, „ich bin nichts". Er geht fort auf dem Wege, den er gekommen und jammert still vor sich hin: „Wehe, wehe, der ich gewesen, der ich jetzt nichts bin. — Was kannst du eigentlich sein? Ein Mensch wahrhaftig nicht, denn wenn du, Geta, irgend ein Mensch bist, wer sollte denn das anders als Geta sein? Bin ich Plato? Hat mich vielleicht das Studium zum Plato gemacht? Geta bin ich nicht und doch heisse ich Geta. Wenn ich nicht Geta bin, darf ich nicht Geta genannt werden. Geta habe ich bisher geheissen, welchen Namen werde ich nun führen? Gar keinen, denn ich bin ja ein nichts. O weh, ich bin nichts? Ich rede und sehe mich, ich fühle mich mit der Hand (er betastet sich), wahrhaftig ich fühle mich, und was berührt werden kann, das kann doch in der That nicht ein nichts sein! Alles was gewesen, das ist und hört nicht auf zu sein; der existiert immer, dem die Existenz einmal verliehen worden. Auf die eine Weise betrachtet, existiere ich, auf jene, existiere ich nicht. Hole der Teufel die Dialektik*, durch welche ich so ganz zu Grunde gegangen. Jetzt weiss ichs: wissen schadet. Als Geta die Logik gelernt, da hat er aufgehört zu existieren; andere macht sie zu Ochsen, mich zu einem nichts; andere Leute verändern die Sophismen nur, mir haben sie mein ganzes sein genommen. Wehe den Logikern, wenn es allen so ergeht. — Ach sieh, da kommt Amphitruo. Nun wundere ich mich nur, ob er auch ein nichts ist. Er kommt und ist nichts? Soll denn ein nichts laufen können? Wahrhaftig, ich bin aus allen Bahnen heraus; aus einem Dummkopf hat mich die Dialektik zum Narren gemacht. Amphitruo aber wird mir sagen können, ob Geta sei oder nicht sei**; ich bins, wenn er mich als Geta begrüsst; wenn nicht, ists vorbei mit mir." — Amphitruo kommt, und vor ihm her keucht Birria. Jener fürchtet ein Unglück, da er den Geta erschaut, den Tod eines Kindes, Krankheit der Gattin; rasch ruft er ihn an: „Geta, wie stehts zu Haus?" „Gott sei Dank, ich bin Geta; was nicht etwas ist, kann ja keinen Namen führen." So spricht Geta bei sich, und laut antwortet er dem Herren: „Wunderliche Kunde melde ich dir; wir sind beide schon längst zu Hause! Wir sind nicht hier! Auch Birria ist schon daheim, Amphitruo im Schlafzimmer, Geta an der Pforte! Gewiss, es ist so; ich wäre glücklich, wenn alle meine Worte unwahr wären." — Und nun erzählt er verwundert dem Herren, was geschehen, wobei Birria die Bemerkung nicht unterdrückt, Graecia (Athen) habe sie mit gesunden Sinnen aufgenommen,

---

* Derselbe Stossseufzer ertönt Carmina Burana n. 89, 12:
    O ars dialetyca
    numquam esses cognita
    que tot facis clericos
    exules ac miseros.
Welchem Leser von G. Freytags Bildern aus der deutschen Vergangenheit fiele da nicht der Gothenkönig Theodahad ein: ihm hatten römische Rhetoren das schwache Haupt verwirrt, er war Pedant und Philosoph aus der Schule des Plato u. s. w. (Aus dem Mittelalter 1871 S. 125.)

** Vgl. Catull (XX, 22): ipse qui sit, utrum sit an non sit, id quoque nescit.

um sie als verrückte zu entlassen: so mache die Dialektik jeden dummen zum Narren. Möge ihm die Kunst vom Halse bleiben, die durch Phantasmen die Menschen zu Eseln oder gar zu nichts mache. „Mag wer will ein Logicus sein; du, Birria, sei immer ein Mensch. Möge jenen das Studium gefallen, dir die fette Küche." Amphitruo sucht den Geta zu beruhigen; er selbst fürchtet ganz was andres und heisst beide sich waffnen. Gern thut das Geta, er will durch die Waffen seine Existenz erweisen. Birria thut sich auf seine Klugheit etwas zu gute; dachte er doch bereits, als er von Hause weggeschickt wurde, daran, es könne ein anderer bei Alcmena sein. Und viel zu klug sein Leben aufs Spiel zu setzen, bleibt er trotz wiederholter Aufforderung zurück, um aus der Ferne Steine zu schleudern. Für die muthigsten mag er auch jene nicht halten: „Hätte Griechenland solche Helden nach Troja geschickt, so stände Troja wol noch." Rasch macht er sich auf die Flucht.

Juppiter war unterdessen mit Arcas abgezogen, und Amphitruo setzt Alcmena, die ihn eben entlassen zu haben meint, in Bestürzung durch seine Bewaffnung. Unter Küssen und Umarmungen vergisst er zunächst seinen Zorn, bei Getas Eintritt erst erwacht derselbe wieder. Sie beharrt dabei, er sei ja eben erst da gewesen, und Geta selbst habe die Thüre verschlossen. Es kommt bis zu gegenseitigen Thätlichkeiten, Schlägen von der einen, kratzen von der andern Seite. Die Frau findet endlich einen Ausweg: „Gewiss ich habe euch gesehen, oder es schien mir wenigstens so, als ob ich euch sähe*. Traumbilder haben oft schon meine Seele getäuscht." „Gewiss sinds Traumbilder, und Geta ist verrückt; macht dem Zank ein Ende!", meint Birria und wandert zur Küche. Alle freuen sich, Amphitruo seiner Gattin, Birria des Küchenbrodems, Geta, dass er wieder ein Mensch wird. Cuncta placent.

Von der Nachbildung der Rutilianischen Aulularia durch Vitalis müssen wir es unterlassen eine längere Skizze zu

---

* Vgl. Ovid Ep. X, 31:
    Aut vidi, aut tamquam quae me vidisse putarem,
    Frigidior glacie semianimisque fui.

geben, obgleich auch sie nicht unwerth ist seines Ruhmes. Für manches was uns an ihr nicht recht verständlich ist, ist nicht er, sondern die mangelhafte Ueberlieferung verantwortlich zu machen. Der Vater des Winslers Querolus hat einer Aschenurne sein Gold anvertraut, da er ins Ausland gieng; auf dem Sterbebett in der Fremde eröffnet er dies Geheimniss seinem Sklaven mit dem Auftrag, seinen Sohn davon in Kenntniss zu setzen. Als Magier verkleidet betritt dieser das Haus des ewig mürrischen und mit seinem Schicksale hadernden Sohnes, um durch seine Kunst das böse Geschick auszutreiben, welches diesen verfolgt. Zu dem Behuf muss nach seiner Anweisung ein Theil des Erdbodens im Atrium fortgeschafft werden, mit ihm wird zugleich jene Urne entfernt. Doch diese erweist sich durch ihre Aufschrift als Aschenurne, darum sich getäuscht meinend — denn von dieser List hatte der alte nichts gesagt — wirft er sie uneröffnet dem auf seinen Befehl im wolverschlossenen Hause harrenden Sohne durchs Fenster, dass sie in Stücke bricht und klirrend das Gold umherrollt.

Der Bearbeiter spricht in seinem Prologe von Plautus als Verfasser der ihm vorliegenden Komoedie: „die Vorwürfe hat Plautus zu tragen, dem Plautus schliesse ich mich an. Diese meine oder vielmehr des Plautus Komoedie hat ihren Namen von einer Urne. Aber die einst dem Plautus, gehört jetzt mir zu. Gekürzt hab' ich den Plautus, dem Plautus dient diese Kürzung zum frommen. Den Plautus liebt man, die Schriften des Vitalis kauft man"[*]. Wenn dem Vitalis nicht entgangen sein kann, dass nicht der alte berühmte Dichter dies

---

[*] Aulularia V. 20 ff. . . . . crimina Plautus habet. Absolvar culpa: Plautum sequor . . . . .
        Haec mea vel Planti comoedia nomen ab olla
        traxit; sed Plauti quae fuit, illa mea est.
        Curtavi Plautum: Plautum haec iactura beavit;
        ut placeat Plautus, scripta Vitalis emunt.
        Amphitryon nuper, nunc Aulularia tandem
        senserunt senio pressa Vitalis opem.
(Zum ersten Verse vgl. Ovid Fast. III 474 eadem crimina Bacchus habet).

Stück, wie es vorlag, verfasst haben konnte (denn des Rutilius Client nennt sein Werk selbst das eines Anfängers und nach der Anleitung des Plautus gearbeitet und scheidet es bestimmt von dem gleichnamigen des alten Komikers), so war doch nun einmal Plauti Aulularia als Titel eingebürgert, wie uns die Handschriften des Stückes, die der Lebenszeit des Vitalis nahe stehen, beweisen, und es war kein Grund von der üblichen Namengebung abzuweichen. Wie sich Vitalis in seinem innern mit dem Zwiespalt abgefunden, der zwischen der Unterschrift der alten Aulularia und der Erklärung ihres Verfassers besteht, wissen wir nicht: dass er nicht so befangen war, diesen Widerspruch nicht einmal zu ahnen, erleidet keinen Zweifel*. Das Selbstbewusstsein des Vitalis spricht sich übereinstimmend mit der Grabschrift auch in diesem Prologe aus. Der Erfolg seiner Arbeiten hat es erzeugt; im Prolog des nach seinem eigenen Zeugniss früher geschriebenen Amphitruo ist seine Stimmung noch eine gedrückte; da klagt er über den Materialismus in folgenden Worten**:

Dichterwerke verfasst' und gefallen wollte der Dichter;
 Doch ihn trügt dieser Drang: keins seiner Werke gefällt.
Keine Fabel gefällt, nach ernstem streben sie alle,
 Masslos fesselt die Welt Geldesbegier, es besiegt

---

* Der Titel Plauti Aulularia stammt doch wol vom Verfasser selbst her, der damit nicht täuschen, sondern sein Werk nur als auf der alten Aulularia beruhend bezeichnen wollte. Und in der Meinung, dass eine Umarbeitung einer altplautinischen Komoedie vorliege, hat wol auch Vitalis den Namen des Plautus gesetzt.
** Geta V. 11 ff.
 Carmina composuit voluitque placere poeta:
  fallitur hoc studio, carmina nulla placent.
 Fabula nulla placet: quaeruntur seria cunctis,
  quemlibet immodicus alligat aeris amor.
 Vincit amor census et nummis carmina cedunt;
  multa licet sapias, re sine nullus eris.
 Si quem scripta iuvant, istis tamen invidet ille
  et laudans veteres nescit amare novos.
 Utilius tacuisse foret quam scribere versus,
  scriptor enim pretio scriptaque laude carent.
 Quem iuvat iste labor, soli sibi scriptitet ille
  et sibi pulcher eat et sua solus amet.

Alles der Drang nach Vermögen, es muss die Dichtkunst
zurückstehn.
Weisst du gleich viel, an Besitz bar wirst du geltungs-
los sein.
Wen noch Schriften erfreun, der mäkelt herum doch an ihnen,
Rühmend das Alterthum hat er die neuen nicht gern.
Wahrlich nützlicher wärs zu schweigen als Verse zu schmieden,
Denn der Schreiber entbehrt Lohns, wie die Schriften
des Ruhms.
Drum wen die Mühe erfreut, der schreibe zu eignem
Vergnügen,
Sich selbst gelt' er für schön, liebe das seine allein.

Es scheint, dass er ein klein wenig verstanden hat, sich seiner Zeit anzuschmiegen: „Plautus gefällt, und des Vitalis Werke kauft man." So hat er es zu Gold und zu Geltung gebracht, wie seine Grabschrift bezeugt.

Der Zeit nach folgt unter den erhaltenen Stücken dieses Genre ein erst kürzlich entdeckter, von H. Hagen herausgegebener **Miles gloriosus**, über den in einer leicht zugänglichen Zeitschrift* viel rühmliches und treffendes gesagt ist. Von Plautus ist allerdings wol keine Einwirkung zu spüren. Selbst der Name führt nicht auf ihn zurück, er war dem Mittelalter aus Cicero bekannt, der im Laelius c. 26 betreffs der Schmeichelei sagt, auch die der Parasiten in den Komoedien würde uns nicht artig vorkommen, wenn sie sich nicht gegen **milites gloriosi** richtete. Und er citiert rasch einen Vers, nun nicht etwa des Plautus, durch dessen Stück jene Bezeichnung des Bramarbas volksthümlich geworden, sondern des Terentius, der ebenfalls in der Person des Thraso in dem Eunuchus einen solchen dargestellt hatte. — Trotz der Lebendigkeit der Schilderung zweifle ich sehr, ob man auch dies Stück, welches namenlos überliefert ist, dem Vitalis zuschreiben darf: die Obscoenität, die sich hier schon gar zu breit macht, obschon man nicht gerade Lascivität dem Verfasser zum Vorwurf machen kann, war nicht seine Sache. In dieser Beziehung nimmt das Stück eine Mittelstellung ein zwischen Vitalis und den im folgenden

---

* Fleckeisens Jahrbücher 1868 S. 711—735 (der lateinische Text 718—725).

zu verzeichnenden Dichtungen des ausgehenden zwölften Jahrhunderts, welche für keusche Ohren freilich nicht mehr berechnet sind*. Unter ihnen beansprucht zunächst unsre Aufmerksamkeit die Alda des Wilhelm von Blois**. Der Verfasser war ein jüngerer Bruder des berühmten Peter von Blois, Archidiakonen von Bath, Canzlers von Canterbury, des durch seine geistlichen Werke und Briefe ausgezeichneten Freundes Königs Heinrich II. von England. Wilhelm hat ein ruhigeres Leben geführt als sein Bruder, der die Gefahren des Hoflebens zur Genüge kostete. Der letztere hatte im Jahre 1167 die Erziehung des jungen Königs Wilhelm II. von Sicilien übernommen, kehrte aber bald, hohe Würden wie z. B. das Neapolitanische Archiepiskopat verschmähend, in die Heimat zurück, mit Mühe entronnen den Tücken des Landes wie seiner Bewohner. „Das Land der Todten" nennt er Sicilien in seiner anschaulichen und interessanten Schilderung, die es wol verdient hat in die berühmten Gesta Romanorum überzugehen***. Wilhelm war zur selben Zeit Abt eines calabresischen Benedictinerclosters (Matinum): auch er schlug die bischöflichen Insignien aus, durch die ihn der Papst ehren wollte, ja er dankte ab, um in St. Maria bei Blois als einfacher Mönch zu leben. Dort ist er, vor seinem Bruder, als Abt gestorben, hochgeehrt von seinen geistlichen Brüdern.

---

* Zu bemerken ist, dass im Miles wie in wirklichen Dramen die Namen der auftretenden Personen am Rande sich mit Mennig angegeben finden: ein Hinweis nicht gerade auf die Bestimmung, als vielmehr auf das sich eignen des Stückes zu einer Art Aufführung. Dasselbe verfahren findet bei den weiterhin zu nennenden Stücken statt.
** Th. Wright in Percy-Society vol. VIII, No. XXVIII, London MDCCCXLII, Edélestand du Méril in Poésies inédites du moyen âge, Paris 1854. Einen Harlejanus benutzte der erste, der andere zog zwei Wiener Hdss. des 14. Jahrh., die künftig für den Text die Grundlage bilden müssen, willkürlich und unmethodisch zu Rathe.
*** Terra morientium: Gesta Romanorum ed. Oesterley c. 173 S. 570. Grässes Uebersetzung c. 173. („Ab India usque ad Britanniam." — „Haec terra est morientium quae devorat habitatores suos. Moriuntur in ea homines.")

Seine dichterischen Werke gehören der Jugendzeit an. Peter erwähnt von ihm eine Tragoedie **Flaura und Marcus**, die verloren, ein Streitgedicht **Floh und Fliege**, und endlich die erhaltene Komoedie **Alda**. Von diesen leichteren und leichtfertigen Jugendarbeiten, von denen der Bruder doch sagt, sie würden ihn länger im Gedächtniss der Menschen erhalten, als vier Abteien, die er etwa bekleiden könne, hatte er sich später auf desselben Rath theologischen Studien zugewendet, von denen freilich, wie es scheint, nichts sich erhalten hat.

Der Inhalt der Alda ist folgender: Ulfus verliert bei der Geburt einer Tochter seine Gattin Alda. Er erzieht diese Tochter, der er der Mutter Namen gegeben, in der Stille seines Hauses, ausser dem Vater erblickte sie nie ein männliches Wesen. Trotzdem dringt der Ruf ihrer Schönheit hinaus, und an ihm entzündet sich des Pyrrhus Glut. Sein Sklave Spurius soll nun Rath schaffen, sie zu sehen; er benutzt die Leidenschaft des Herrn, sich einmal mit seiner Gattin Spuria recht gütlich zu thun. Diese Scene ist ungewöhnlich ausgedehnt und steht an Witz unendlich hinter den Sklavenscenen des Vitalis zurück, denen er unzweifelhaft manche Anregung verdankt, er überbietet dieselben aber weit an unappetitlichen Schilderungen. — Da Pyrrhus durch den Sklaven nicht seinen Wünschen näher kommt, muss auf den Rath einer alten Amme seine Schwester helfen, der er zum verwechseln ähnlich ist; sie hat Zutritt zu Aldas Haus und sich deren Freundschaft erworben: bei einem Mädchen hat der Vater ja kein arg. In den Kleidern seiner Schwester findet er Einlass bei der trotz der Absperrung von der Welt unglaublich unschuldigen Alda, und in langer lüsterner Schilderung, in der das Mittelalter so meisterhaftes geleistet hat, wird uns nun die Verführung des Mädchens vorgestellt. Die Ehre Aldas, an der die Folgen jener Scene sich bald zeigten, wie die der Schwester, die schon vom Gerücht als „Halbmann" bezeichnet wurde, wird etwas spät durch die Verbindung Aldas mit Pyrrhus hergestellt.

Weiteres über dies Gedicht zu verhandeln, würden weder Inhalt noch Ausführung berechtigen, es ist aber eine Frage

von nicht untergeordnetem Interesse die, woher der Dichter seinen Stoff entlehnt hat. Er selbst sagt nämlich folgendes*:
„Wie ich einst den Streit zwischen Floh und Fliege dargestellt, so kommt uns nun in den Griffel die männliche Jungfrau (mascula virgo).' An Stelle des Namens setze ich hier die Bedeutung des Namens, denn den Namen selbst habe ich mit dem Gesetze des Verses nicht vereinbaren können. Diese Fabel, geraubt aus dem Busen Menanders, ist neuerdings (nuper) aus der Fremde in die lateinische Sprache gekommen. Und da jene Komoedie nach einem neuen Bearbeiter suchte, der an die Stelle ihres Menander treten könnte, so habe ich mich ihr statt des Menander hingeben wollen, weit zurückbleibend hinter meinem Vorbilde und im Stoffe ihn nicht erreichend. Man wird sagen, dass ich anstatt eines geborstenen Schiffes eine Cypresse darstelle: meine Muse ist aus dem eingeschlagenen Pfade ausgeschweift, ich gehe hinaus über den

---

* Prolog der Alda:
    Versibus ut pulicis et muscae iurgia lusi,
      occurrit nostro mascula virgo stilo:
    Nominis accipio pro nomine significatum,
      non potui nomen lege domare pedum.
    Venerat in linguam nuper peregrina latinam
      haec de Menandri fabula rapta sinu.
    Vilis et exul erat et rustica plebis in ore
      quae fuerat comis ratis in ore sui.
    Dumque novum studium comoedia quaereret illa,
      quem vice Menandri posset habere sui,
    me pro Menandro volui sibi reddere longe
      inpar proposito materiaque minor.
    Pro fracta navi dicar simulasse cupressum;
      extra propositum musa cucurrit iter.
    Exeo comoedum, fines comoedia transit,
      nostra suis miscens, non sua verba suis.
    Inveniet sibi verba nimis lasciva pudicus
      lector: materiae, non mea culpa fuit.
    Ne matronaret meretrix in verba Sabinae,
      sunt sua materiae reddita verba suae.
  Sabina als Bezeichnung für eine züchtige Frau ist wol durch Horaz epod. II 41 Sabina . . uxor (schon Ovid A. III 8, 61: exaequet tetricas licet illa Sabinas) in Gebrauch gekommen, im Mittelalter gäng und gäbe.

Komoeden (Menander), ihre Grenze überschreitet die Komoedie (desselben); indem sie mein Eigenthum mit dem ihrigen verschmelzt, Worte, die ihr nicht eigen, mit den eigenen. Der allzu schamhafte Leser wird lüsterne Worte entdecken: des Stoffes, nicht meine Schuld ist das; um nicht die Hetaere anständig wie die züchtige Sabina reden zu lassen, habe ich Vorwurf und Worte in Einklang gebracht."
Man hat hier zunächst an den Eunuchen des Terenz gedacht, wo eine ähnliche Verwechselung der Geschlechter vorkommt und im Prolog gleichfalls der frühere Bearbeiter des Menandreischen Originals herben Tadel erfährt*. Indessen ist diese Aehnlichkeit doch gar zu gering, um Wilhelms Worte zu rechtfertigen, die Stücke des Terenz viel zu bekannt und beliebt, um sie tadeln zu dürfen, oder gar täuschen zu wollen, wie ein Kritiker neuerdings wieder angenommen hat**. Zu letzterer Annahme bietet auch der Charakter des Verfassers nicht den mindesten Anhalt. Dazu kommt die so bestimmt gegebene Uebersetzung oder lateinische Umschreibung des griechischen Titels: Mascula virgo.

Es muss eine Komoedie des Alterthums, mindestens die Bearbeitung einer solchen, sich erhalten haben bis in des Verfassers Zeit, und zwar in Frankreich, deren griechischer Name sich eben in diese Worte, möglichst entsprechend dem Originaltitel, übertragen liess. Sie muss Menanders Namen in ihrer Aufschrift geführt, ihre Sprache endlich muss dem Genius des zwölften Jahrhunderts widerstrebt haben. Denn davon spricht der Verfasser folgendermassen: „Sie war gemein und barbarisch (exul) und bäurisch im Plebejermunde, die einst fein gewesen im Munde ihres Dichters"***. Nun, an Terenz und Ovid, Horaz und Vergil, Lucan und Statius, Per-

---

* Terenz im Eunuch prol. 7: qui bene vertendo et easdem scribendo male Ex graecis bonis latinas fecit non bonas. — An ein griechisches Original ist selbstverständlich bei der Unkunde der griechischen Sprache im Westen Europas in jener Zeit nicht zu denken.
** Lucian Müller in der Besprechung des anonymen Miles gloriosus am angef. Orte.
*** Vilis et exul erat et rustica plebis in ore
quae fuerat comis vatis in ore sui.

sius und Juvenal war das Ohr der Zeit gewöhnt: was damit nicht stimmte, widerstrebte ihm.

Ed. Du Méril hat zuerst, wie ich glaube, nach dem griechischen Namen gefragt und das monströse $\pi\alpha\varrho\vartheta\epsilon\nu o\varsigma\alpha\nu\delta\varrho\epsilon\iota\alpha$ (als ein Wort sogar!) gefunden. Besser wäre immer noch $\dot{\alpha}\nu\delta\varrho o\pi\dot{\alpha}\varrho\vartheta\epsilon\nu o\varsigma$ gewesen, trotzdem die Wörterbücher diese Bildung nicht kennen. Doch was zwingt uns, so eng an den Ausdruck „Jungfrau" (virgo) uns anzuklammern? Es steht uns eine ganze Reihe passender Worte zu Gebote: $\gamma\acute{v}\nu\alpha\nu\delta\varrho o\varsigma$, $\dot{\alpha}\nu\delta\varrho\acute{o}\vartheta\eta\lambda\nu\varsigma$, $\dot{\alpha}\nu\delta\varrho\acute{o}\pi\alpha\iota\varsigma$, als gebräuchlichstes $\dot{\alpha}\nu\delta\varrho\acute{o}\gamma\nu\nu o\varsigma$, ein Wort reichster Bedeutung (denn Hermaphrodit sowol, als Eunuch und Pathicus wird damit bezeichnet), aber gerade für die plötzliche Umwandlung eines weiblichen in ein männliches Wesen, wie unsere Komoedie sie darstellt, bei Ausonius[*] vornehmlich bezeugt, was wol auf den Einfluss eines beliebten Lustspiels zurückzuführen sein dürfte. Nun findet sich auch wirklich unter den Menandreischen Fragmenten eine Komoedie dieses Titels verzeichnet, und ein Römer hat dieselbe bearbeitet: Caecilius Statius. Und hätte wirklich eine Komoedie dieses Dichters sich in diese Jahrhunderte des Mittelalters hinübergerettet, mit Sicherheit dürfen wir es aussprechen, sie würde nicht besseren Erfolg gehabt haben als der unvergleichliche Plautus, sie würde als rustica und vilis verachtet worden sein: die Fragmente des Statius mit ihren sentinat, incursim, ossiculatim, pugnitus u. a. m. lassen so wenig daran zweifeln, als das Urtheil Ciceros, der ihn ad Att. VII 3, 10 „einen schlechten Gewährsmann der Latinität" nennt. — Aber was steht einer solchen Annahme, über deren Schicksal übrigens, als reiner Aberglauben verworfen zu werden, der Verfasser sich ganz und gar keiner Täuschung hingibt, entgegen? Nichts weiter als das ganz unbegründete Vorurtheil, dass jene Erzeugnisse bereits lange vor der Zeit eines Wilhelm von

---

[*] Ausonius epigr. 69: vidit nubentem Plinius Androgynum. Er bezieht sich auf Plinius n. h. VII 4, 36: Ex feminis mutari in maris non est fabulosum . . . . ipse in Africa vidi mutatum in marem nuptiarum die L. Cossicium civem Thysdritanum. Gellius IX 4, 15 führt diese Worte des Plinius an mit dem eigenmächtigen Zusatz: vivebatque cum proderem haec.

Blois ihren Untergang gefunden haben müssen. Aber manches andere Werk, das im Mittelalter wenig oder nichts galt, es genügt auf Plautus, auf Senecas Tragoedien zu verweisen, hat sich Dank den Bemühungen einzelner, trotz der Missachtung des grossen Publicums in die Neuzeit hinübergerettet; dem Zufall ist es zu danken, dass Catull und andere, die in Einzelhandschriften ihre Existenz bewahrten, nicht verloren giengen. Manches kleinere werthvolle Stück des Alterthums, ich rechne auch die laudes Neronis hierzu, die sich erst kürzlich in Einsiedeln gefunden haben, ist in neuester Zeit unerwartet ans Licht getreten. Und dass jener Zeit noch manches zu Gebote gestanden, was seitdem abhanden gekommen, wer möchte das den bestimmten Spuren gegenüber, die wir haben, leugnen wollen? Selbst der mittelalterliche Sprachschatz wird nicht selten als Zeuge dafür angerufen werden dürfen. Dass unseren Komoedien zunächst noch Quellen flossen, die für uns versiegt sind, dafür gibt uns ja Vitalis selbst einen Anhalt: sein Sklave Santia, der dem volksthümlich gewordenen Xanthias der attischen Komoedie entspricht (bei Aristophanes, Sotion, Kephisodoros findet oder fand er sich) weist uns auf eine heut verschollene lateinische Komoedie hin; denn in Form und Bedeutung steht der Name dem Horazischen Xanthias Phoceus doch gar zu fern. Indessen fehlt es auch nicht an einem bestimmteren Anhalt für die Vermuthung, es könne sich das Statius Androgynos bis ins zwölfte Jahrhundert erhalten haben. Isidorus ist es, der uns einige Stellen dieses Dichters, die von keinem anderen überliefert werden, ohne den Namen des Stückes freilich, aber doch höchst wahrscheinlich der Komoedie, die uns zunächst interessiert, entnommen, mittheilt. Soll denn Isidorus wirklich alle seine Citate nur aus anderer Sammlungen geschöpft haben? Sollte er, dem genug Bücher zu Gebote standen, dessen eigene Bibliothek nicht bloss die christlichen Autoren in annähernder Vollständigkeit enthalten haben wird[*], nicht einmal einen Dichter

---

[*] Diesen Theil der Bibliothek des Isidorus schildert ein in einer aus Bobio stammenden Mailänder Handschrift s. XI erhaltenes Gedicht

im Original zur Hand genommen haben? Hat sich aber die Androgynos bis in seine Zeit, ins siebente Jahrhundert, erhalten, dann kann sie wol so gut wie tausend andre Handschriften, die bis auf unsere Tage gekommen, zum mindesten das zwölfte Jahrhundert erlebt haben. Denn dass der Verfasser sagt: „nuper in linguam latinam venerat", das dürfen wir nur auf eine für ihn leicht lesbare Minuskelhandschrift deuten, deren Alter genau anzugeben seine palaeographischen Kenntnisse schwerlich ausreichten. Eine weitere Bestätigung finde ich noch darin, dass Johannes von Salisbury, wo er von Komoedien spricht*, zwischen dem ihm bloss aus der untergeschobenen Aulularia bekannten Plautus und dem ihm wolbekannten Terenz — „unser Terenz" sagt er an dieser Stelle — in der Mitte den Menander erwähnt, dessen Name hier sicherlich weder aus den Terentianischen Prologen noch aus der so ganz ungleichartigen Dichtung Wilhelms entlehnt sein kann.

Die geringe Anzahl der Fragmente des Menandreischen Originals und der Bearbeitung des Statius lässt nun freilich eine Vergleichung mit unsrer Komoedie nicht zu, obwol die letzteren sehr wol in die Klage des Ulfus um seine Frau eingereiht werden können. Unter den Fragmenten des Statius unbestimmter Herkunft jedoch finden sich einige, mindestens eines, welche für unsre Muthmassung wol eine Stütze abgeben könnten; ich verzeichne sie in der Anmerkung**.

(Reifferscheid B. P. L. 1. II 70), welches mitgetheilt ist von Muratori Anecd. I, II 208, Fabricius Bibl. med. et inf. lat. t. V. S. 316—318 Mansi.

* Joh. Sarisberiensis Policraticus 1 8 (Opera ed. Giles S. 43): Et quidem histriones erant qui gestu corporis arteque verborum et modulatione vocis factas aut fictas historias sub aspectu publico referebant, quos apud Plautum invenis et Menandrum et quibus ars nostri Terentii innotescit.

** 1) Isidor. XIX 1, 5:
 Venerio cursu veni prolato pede
 usque ad scaphonem.
vgl. Ovid A. A. II, 725. Sed neque tu dominam velis maioribus usus Desine, ne cursus anteat illa tuos. A.A. I 368. Hanc matutinos pectens ancilla capillos Incitet et velo remigis addat opem. Man kann annehmen, dass Pyrrhus, oder wie der Lieb-

Ich muss noch einem Einwurf begegnen. Es könnte gesagt werden, das Wort Androgynos vertrüge sich ja wol mit dem Versmass; aber das thun auch die Namen Sardanapallus und Mandrogeros, Namen, welche Vitalis dennoch in seiner Aulularia vermieden hat. Er spricht sich darüber V. 14 so aus*: „Wer den Plautus nachliest (d. h. das unter Plautus'

---

haber bei Statius sich nennen mag, der Nutrix den glücklichen Ausgang der Affaire hier mittheilt.

2) Nonius: nomen virginis
Nisi mirumst deintegrabit.

Dies Verbum deintegrare erklärt Nonius mit deminuere. In der Alda V. 557 ff. heisst es: falsis inhonestat fama sororem, und bald darauf 561: nomen sororis integrat. In solcher Bedeutung war integrare durchaus nicht so allgemein in Gebrauch: durch ein deintegrare konnte der Dichter dazu wol veranlasst werden, besonders bei seinem Urtheil über den Wortschatz des Statius.

* Aulularia V. 14 ff.:
Qui releget Plautum, mirabitur altera forsan
Nomina personis quam mea scripta volent.
Causa subest facto: vult verba domestica versus:
Grandia plus aequo nomina metra timent.
Sic ego mutata decisave nomina feci
Posse pati versum. Res tamen una manet.

Aus Horaz und Ovid lassen sich ähnliche Stellen beibringen: der erste sagt im iter Brundisinum (Sat. I 5, 87), sie hätten bleiben wollen in einem Landstädtchen, quod versu dicere non est, Signis perfacile est. Die Stadt Aequus tuticus ist dem Scholiasten Porphyrion zufolge bezeichnet. (Derselbe fügt hinzu: hoc autem sub exemplo Lucili posuit. Nam ille in sexto saturarum sic ait: Servorum est festus dies hic, quem plane hexametro versu non dicere possis.) Zu dieser Behauptung hat die Ovidstelle ex Ponto IV 12, 7 ff. Veranlassung gegeben:

Quominus in nostris ponare amice libellis
Nominis efficitur condicione tui . . .
Lex pedis officio fortunaque nominis obstat,
Quaque meos adeas est via nulla modos.
Nam pudet in geminos ita nomen findere versus,
Desinat ut prior hoc incipiatque minor.
Et pudeat, si te, qua syllaba parte moretur,
Artius appellem Tuticanumque vocem.
Nec potes in versum Tuticani more venire,
Fiat ut e longa syllaba prima brevis:

Namen gehende Original), der wird sich vielleicht wundern, dass er dort andere Namen findet, als mein Gedicht gibt. Das hat seinen guten Grund: der Vers verlangt ihn anheimelnde Worte; Namen, die mehr als billig Gewicht haben, scheut das Metrum. So habe ich durch Umänderung und Beschneidung bewirkt, dass der Vers die Namen tragen kann; in der Sache wird dadurch nichts geändert." Kein Zweifel, dass Vitalis sich hierzu durch Ovid hat verleiten lassen; bei Wilhelm hinwiederum liegt Nachahmung des Vitalis vor, die ihn auch bestimmt hat, sein Prooemium ganz ebenso zu gliedern, wie jener gethan, ja dieselbe Anzahl von Versen, 28, demselben zuzuweisen; lässt er doch auch den Spurius einen Monolog über die Habsucht jener Aulularia entleihen, und mit demselben Ausdruck „Acta placent" seine Komoedie enden, ganz abgesehen von so vielen Entlehnungen einzelner Worte und Redensarten.

Eine kurze klägliche Geschichte von Afra und Flavius* wird ohne triftigen Grund mit Wilhelms verlorener Tragoedie Flaura und Marcus identificiert. Sie zeigt, wie für die Tragoedie nur der Begriff des kläglichen geblieben war, wie man in ihr selbst von Helden absah und mit geringeren Personen sich begnügte, wie das Metrum sich von dem Vorbilde Lucans

---

   Aut producatur, quae nunc correptius exit,
   Et sit porrecta longa secunda mora.
Dem Ovid macht es Martial IV, 31 mit dem Namen Hippodamus nach. Aufs Mittelalter hat Ovids Beispiel gewirkt; nur wenige Proben: Ecbasis 793. Potio talis adest quae versu dicere non est. Galfredus (c. 1200) sagt in der Dedication seiner Poetria an Papst Innocenz III:
   Papa stupor mundi, si dixero papa NOCENTI,
   Acephalum nomen tribuam tibi: si caput addam,
   Hostis erit metri. Nomen tibi vult similari,
   Nec nomen metro nec vult tua maxima virtus
   Claudi mensura; nihil est quo metiar illam etc.
In der Aufzählung der Vögel, Carmina Burana n. 97 V. 21. heisst es: Versu stare nequit carduelis sicque recedit. Aehnlich die Spielerei mit Pertinax im Troilus des Albertus Stadensis II 115 ff.

 * Affra und Flavius gibt Th. Wright in dem oben citierten Bande der Percy-Society aus einer englischen Hdschr. (Cottonianus s. XIII).

frei gemacht und im elegischen Mass sich der Komoedie angeschlossen hat, in deren Gefolge erst sie wiedererscheint. Freilich auch ein Beispiel des Gegentheils mangelt uns nicht, dass nämlich die Komoedie, wie ursprünglich die Tragoedie, sich des Hexameters allein bedient. Dies Beispiel bietet uns das in vieler Beziehung interessante Werk des **Magister Johannes Anglicus de arte prosayca metrica et rithmica***, von welchem die Münchner Hofbibliothek eine gute Abschrift besitzt, die in England selbst geschrieben scheint. Der Verfasser, von dessen Lebensumständen nichts bekannt, hat nach Johannes de Garlandia (c. 1040) gelebt, den er einmal citiert. Auch ohne ein solches Citat würden wir nach der ganzen Art seines Werkes ihn nicht als Zeitgenossen oder gar Vorgänger, sondern als späteren Landsmann des Garlandiers betrachten müssen: ins zwölfte Jahrhundert aber gehört er noch, stammt doch die Handschrift aus dem Beginn des dreizehnten. In diesem Werke gibt er denn auch das Beispiel einer kleinen Komoedie, wie einer Tragoedie von etwas grösserem Umfange (126 Hexameter). Was er dem Beispiel der Komoedie zur Erklärung vorausschickt, ist höchst mangelhaft: „„Der „Tenor" des Stils erweitert (ampliat) die „Materie", indem für den erhabenen Stil erhabene Sentenzen ausgewählt werden, für den gemässigten (mediocrem) weniger erhabene (mediocres), für den niedern (humilem) gewöhnliche (humiles); so jedoch dass wir in der niederen „Materie" nicht gar zu tief hinabsteigen (ne nimis deiecti simus) und die colores des Stils selbst sparen. Das ist in den Komoedien zu beachten; wie in einer gewissen Komoedie, die ich hersetze; ihre Materie ist folgende."" Und nun gibt er diese zunächst in Prosa an, um später die poetische Bearbeitung in 24 Hexametern folgen zu lassen: Der böse Geist Guignehocet** hat sich in Gallien in einer Cisterne

---

* Poetria Joh. Anglici. Auszüge aus diesem Werke gibt Rockinger in Quellen und Erörterungen zur bayrischen und deutschen Geschichte IX, 1 S. 491—512.

** Ist dieser Name verwandt mit dem des S. Guinochus, eines schottischen Bischofs † um 875 (Acta SS. Bolland. 13. April II 138)?

niedergelassen und weissagt den Leuten. Da kommt auch ein Bauer und fragt ihn, wie viel Kinder er habe; zwei, antwortet er, vier, erwidert der Bauer. Der Geist beharrt bei seiner Antwort: denn zwei von den vier seien nicht des Bauern, sondern des Presbyters Kinder. Dem Bauern die Namen der beiden zu nennen, damit jeder sein Eigenthum nehme, weigert er sich; jener soll, räth er ihm, ein väterlicher Stiefvater, ein pietätsvoller Feind der Kinder sein. — In einigen nun folgenden Bemerkungen fordert der Verfasser mit Horaz, dass die Komoedie fünf Acte habe. In der vollkommenen Komoedie treten auf: der Ehemann und seine Frau, der Liebhaber und sein Helfershelfer oder Züchtiger, sodann die Amme der irrenden Frau oder der Sklave des Gatten. Nicht immer jedoch treten die fünf Personen auf, weil zuweilen eine scherzhaft erzählte Materie Komoedie genannt werde (wie im obigen Beispiele).

Darauf wird die Etymologie von comoedia angegeben, „a comos quod est villa, et odos quod est cantus, quasi villanus cantus", weil ihr eine niedrige und scherzhafte Materie zu Grunde liege. Der Unterschied zwischen Tragoedie und Komoedie wird dahin bestimmt, dass die letztere ein scherzhaftes Gedicht sei, traurig beginnend und mit Freude endend, während die erstere, verfasst in erhabenem Stile, mit Freude beginne und in Trauer sich endige. In einem späteren Capitel — ich weiss nicht, ob die Unordnung, die in diesen Capiteln herrscht, dem Verfasser schuld zu geben — wird uns gemeldet, dass die einzige tragoedia einst von Ovidius bei den Lateinern geschrieben worden sei, welche, in Stillschweigen vergraben, nicht bekannt geworden ist (non venit in usum).

„Dies hier," fährt der Verfasser mit Rücksicht auf das mitzutheilende Beispiel einer Tragoedie fort, „ist die zweite Tragoedie. Es geht daraus hervor, dass ihm weder die Tragoedien des Seneca, noch Orestes tragoedia bekannt gewesen sind. Der Inhalt seiner Tragoedie ist folgender: In einer Burg werden sechzig Soldaten belagert, bei denen sich zur Besorgung der Wäsche und minder saubrer Liebesdienste wegen zwei Wäscherinnen befinden, deren jede für je dreissig Mann zu sorgen hat. Die eine liebt einen Soldaten der Abtheilung, bei der die andre sich befindet, es entsteht daraus Eifersucht, die in Thätlichkeiten zwischen beiden ausartet. Endlich überfällt die zweite eines Nachts die erste mit ihrem Soldaten und tödtet beide im Schlafe; dann lässt sie, um ihre That zu verbergen, heimlich die Feinde ein, und die ganze Besatzung wird getödtet. „Diese Tragoedie hat," bemerkt der Verfasser zum Schluss, „folgende Eigenthümlichkeiten: es wird in erhabenem Stile geschildert, es werden scham- und ruchlose Thaten vorgeführt, sie beginnt mit Freude und endigt in Thränen."

Der dritte Dichter, der eine gewisse Bedeutung im Fach der Komoedie erlangt hat, wie sein Name nicht ohne Anerkennung wegen anderer poetischer Leistungen in seiner und der Folgezeit genannt worden ist, ist Matthaeus von Vendome[*]. Wenn schon bei Wilhelm von Blois ein gut Theil modernen Schmutzes der an und für sich nicht allzu saubern antiken Tradition eine bemerkenswerthe Färbung verleiht, so ist das in noch weit stärkerem Grade in den Stücken des Matthaeus, dem Milo, der Lydia, dem Gloriosus miles der Fall. In ihnen hätte die Sprache des Ovid und Terenz, mit der orientalisch-italienischen Novellendichtung vermählt, aufs anmuthigste wirken können; indessen das im ganzen sterile Genie des Verfassers, befangen in der Sphaere des zwölften Jahrhunderts, die Lüsternheit mit Langweiligkeit paart — ein Walter von Chatillon freilich hat sich über dies Niveau zu erheben gewusst, und auch andre Ausnahmen liessen sich wol aufzählen —, versauert in dem Schatten untergeordneter Schulthätigkeit, hat nicht annähernd eine Wirkung zu erreichen gewusst wie das Erzählertalent des Boccaccio. Zunächst fehlte

---

[*] Folgendes auf den Milo bezügliches Epigramm hat lange Zeit die Ehre genossen für ein Erzeugniss des Martial zu gelten (ed. Schrevelii 1661 S. 790. Schneidewini II S. 633), es befindet sich in der Wiener Handschr. n. 312 bei der Komoedie, und für sich in einer Handschr. s. XII/XIII zu Oxford (Coxii catal. II 1 S. 39):

  Milo domi non est: peregre Milone profecto
   Arva vacant: uxor non minus inde parit.
  Cur sit ager sterilis, cur uxor fertilis (lactitet), edam:
   Quo fodiatur ager non habet, uxor habet.

es ihm an Geschmack und Witz; jener Mangel verleitete ihn, allen Verkehrtheiten seiner Zeit zu huldigen in Metrum und Stil, in Ueberfülle seine Leser mit Sentenzen der trivialsten Sorte, mit Bildern, sprichwörtlichen Reden und Geschichtchen zu überschütten, denen grösstentheils wol auch die Originalität abgeht; die Werke früherer Dichter haben sie geliefert, aber doch wol meist nur durch Vermittelung der in jener Zeit schon beliebten Blumenlesen. Den Witz aber vermisste in Folge eben der Fülle die Mitwelt weniger, die für derartiges empfänglich und dankbar, stumpf hingegen war für feineres, und daher schreibt sich die nicht gemeine Autorität des Mannes*.

Was wir über sein Leben wissen, entstammt hauptsächlich dem Prologe seiner poetischen Geschichte des Tobias. Zu Vendome geboren, zu Tours erzogen, zu Paris und Orleans weiter gebildet, hatte er nach einem unerquicklichen Leben zu Chartres, woselbst die hochmüthigen Kleriker ihn über die Achsel ansahen, seinem Landsmanne, dem Erzbischof Bartholomaeus von Tours eine ruhige Schulrectorstelle zu danken; in späterem Alter gieng er wieder nach Orleans, von da nach Paris.

An Selbstbewusstsein fehlte es ihm weniger als an Talenten; dreist stellt er sich neben Walter von Chatillon, seinen Tobias neben dessen Alexanderlied. Und die Zeit gab ihm allerdings ein gewisses Recht dazu, denn beide Werke wurden in den nächsten Decennien als Schulbücher allgemein verbreitet, wie uns Eberhard von Bethune und Heinrich von Gandau, wie die Florilegien jener und der folgenden Zeiten bezeugen. Auch seine poetischen Bearbeitungen der lateinischen Grammatik, Metrik, Rhetorik wussten sich gleiche Anerkennung zu erwerben, und zahlreiche Abschriften liefern dafür den Beweis.

---

* Des Matthaeus Miles gloriosus gab Du Méril heraus in seinen Origines latines du théâtre moderne Paris 1849, die Lydia derselbe in den Poésies inédites 1854, den Milo Moritz Haupt in: Exempla poesis latinae medii aevi Wien 1834. Den Ausgaben liegen die beiden oben genannten Wiener Handschriften zu Grunde; Lydia steht nur in cod. 312, die beiden andern in 303 und 312.

Weniger verbreitet in Handschriften scheinen seine Komoedien zu sein. Die Stoffe, die er in ihnen behandelt hat, sind aus anderen Bearbeitungen in weiteren Kreisen bekannt. Die Geschichte vom wunderbaren Birnbaum, die den Stoff zur Lydia liefert, finden wir bei dem persischen Dichter Dschelaleddin Rumi († 1273), dem Deutschen Adolf (um 1315), bei Boccaccio, der sie von unserm Matthaeus entlehnt hat, bei Chaucer und manchem andern wieder. So ists mit der Fabel des Milo, die der Verfasser einer griechischen Quelle entlehnt zu haben behauptet; im Syntipas finden wir sie wirklich wieder, wie in anderen dem Orient entstammenden Werken. Für den Miles gloriosus, dessen Titel nicht einmal dem Plautus entstammt, wie oben bemerkt wurde, findet sich wenigstens ein Seitenstück im Straparola. Noch nicht ediert, obwol in vielen Handschriften erhalten, ist sein Gedicht Pyramus und Thisbe, das wir doch vielleicht auch in dies Genre rechnen dürfen; Chaucer spielt auf dasselbe an, Shakespeare hat ihm mindestens eine Anregung zu verdanken.

Dem wirklichen Leben stand er, wie schon Wilhelm von Blois, zu fern. Wir dürfen nicht annehmen, dass diese Gedichte für den Gebrauch von Histrionen verfasst sind; in ihnen überwuchert die Erzählung die Handlung völlig, es sind Lesestücke. Man dürfte das mit der zunehmenden Blüte der geistlichen Misterien in dieser Zeit in Zusammenhang zu setzen veranlasst sein.

Es bleibt, nicht bloss um den ganzen Apparat zu inventarisieren, noch eine Komoedie eines unbekannten Verfassers zu erwähnen, welchen zweifelsohne England hervorgebracht hat. Es sind Scenen aus dem Leben des Priesters Babio*, der sich von seiner Frau Pecula und seinem Sklaven Fodius auf's schlimmste hintergehen und quälen lassen muss. Der Schauplatz ist nach Soloc — der Vaterstadt des Komoediendichters Philemon! — verlegt; das Stück ist erstaunlich reich an volksmässigen Ausdrücken und sprichwörtlichen Reden: nicht Man-

---

* Aus der Digby-Handschr. n. 53 hrsgg. von Th. Wright in Early mysteries London 1838. Ein Cottonianus wie auch ein Oxonianus sind noch unbenutzt.

gel an Schick und Geschmack hat sie gehäuft, wie bei Matthaeus, sondern das streben nach lebensvoller Darstellung. Wenn irgend etwas, können diese der Vulgärsprache entnommenen Wendungen Zeugniss ablegen für die Absicht des Verfassers, eine Komoedie zu liefern*, für die Bestimmung des Stückes, eine solche darzustellen. In Uebereinstimmung damit steht die äussere Gliederung: von Erzählung ist hier keine Rede, es sind zehn lose an einander gereihte Scenen, in denen nur direct gesprochen und gehandelt wird, die Bestimmung zur Aufführung unterliegt keinem Zweifel. Wie der kräftigere, volksmässigere, lebendigere Charakter des ganzen aus Frankreich hinaus uns nach England weist, dem auch die Handschrift entstammt, so führt uns dahin auch ein Epigramm auf einen alten Mimen**, welches uns beweist, dass derartige Aufführungen in diesen Jahrhunderten dort noch im Schwange waren:

Oft im Theater bedientest du dich böswilliger Rede,
  Denen, die dich gezeugt, gleichend an boshaftem Sinn;
Bissiger Reden beim Male bedient'st du dich, schamloser Muse
  Gabst du als Knabe dich einst, später als Jüngling dich hin.
Und nun, da sich bereits deine Schläfen mit wechselndem Graue
  Färben, singst du noch stets Weisen unzüchtiger Art.

---

* Die Vulgärsprache ist ja die Sprache der Komik, vgl. Cicero Orator 20, 67: apud quos (sc. comicos poetas), nisi quod versiculi sunt, nihil est aliud quotidiani dissimile sermonis; ebenda 55, 184: comicorum senarii propter similitudinem sermonis sic sunt saepe abiecti, ut non numquam vix in eis numerus et versus intellegi possit.
**   De mimo iam sene, ut resipiscat.
  Usus es in theatris crebro sermonibus atris
    Non dispar matris moribus atque patris.
  Versibus in cenis mordacibus atque camenis
    Usus es obscenis et puer et iuvenis.
  Cum tua iam variis signentur tempora canis,
    Illicitos modulos qua ratione canis?
  Aegris crementum tua vox est causaque sanis
    Languoris, veluti rabida stella canis.
  Amodo desistas gestis intendere ranis
    Innocuosque viros rodere more canis etc.
(Aus einer Arundel-Handschr. s. XII, XIII bei Th. Wright Anecdota litteraria S. 100.)

Kranke vermag deine Stimme noch kränker zu machen, gesunde
Lähmt sie, gleichwie des Hunds fiebererzeugend Gestirn.
Höre doch endlich auf, dich mit eitler Gebärde zu mühen
Und wie ein bissiger Hund Leuten von Ehre zu droh'n.

Nur registrieren wollen wir eine Tragikokomoedie in Distichen, die in der Handschrift allerdings den Namen Tragoedie führt, von Magister Renerus de Bruxella*; sie behandelt den fatalen Casus, wie ein Deutscher und ein Franzose angelockt durch eine Gans, beide nach einander in eine für den Wolf gegrabene Grube und bald in die Gesellschaft des Wolfes selbst gerathen.

Wir werden hier noch rechtzeitig einer Lücke in unsrer bisherigen Aufzählung gewahr. Es ist ja dies Stück nicht das erste der Thierfabel angehörige, welches einen Anspruch erheben darf, unserer Komoedie zugerechnet zu werden. Schon die Ecbasis captivi, neuerdings als Thierepos bezeichnet**, reiht sich ein, wenngleich nichts für eine Aufführung, vieles dagegen spricht. Zunächst schon die Art, wie zwei Fabeln, die eine in die andere eingeschoben, mit einander verbunden werden. Aber Anstand dürfen wir wol nicht nehmen, dies Gedicht als Lesestück in dies Genre einzuordnen. Die Grenzlinie zu ziehen zwischen Komoedie und poetischer Erzählung, ist überhaupt nicht leicht: bei der steten Verbindung des dialogisierens und des erzählens wird es nicht einmal bloss auf das überwiegen des einen vor dem andern ankommen; es wird in der Lebendigkeit des Dialogs ein entscheidendes Moment zu erkennen sein — und doch mag bei einem schulmässigen Autor die Tendenz auf eine wirklich zur Aufführung geeignete Komoedie manchesmal durch seine Unfähigkeit dazu so getrübt worden sein, dass sein Stück sich in nichts von den zahlreich vorhandenen versificierten Legenden unter-

---

* Magistri Reneri de Bruxella Tragoedia ex duplici recensione ad codices bibliothecae Burgundicae ed. Lud. Tross. Hammone MDCCCXLVIII. Vgl. Reiffenberg Annuaire de la bibl. royale III 73, IV 81.

** Ecbasis captivi. Das älteste Thierepos des Mittelalters. Herausgegeben von Ernst Voigt. Strassburg, Karl J. Trübner 1875.

scheidet*. Dass im übrigen auch die Thierfabel auf die Bühne kam, ist sicher: im Jahre 1313 wurde, wie v. Schack in seiner Geschichte des spanischen Dramas vermerkt (I. 60), der Lebenslauf des Reineke Fuchs dargestellt.

In engstem Anschluss an die Komoedien stehen einige im Mittelalter viel gelesene Gedichte, die wol mehr aus Zufall diesen Titel nicht erhalten haben, Gedichte, deren Kenntniss zur culturhistorischen Würdigung der Jahrhunderte, in denen sie entstanden sind und Verbreitung gefunden, unumgänglich ist. Das ist zunächst der Pamphilus de documento amoris** und der Ovidius puellarum***, zwei Stücke, in denen die Jugend zur Verführung des weiblichen Geschlechts anschaulichste Anweisung erhält; das zweite, der Mädchen-Ovid, allerdings ein schwacher Abklatsch des überaus berühmten

---

* Nach Hist. litt. de France VII, 127 wurden in der Mitte des 11. Jahrhunderts gereimte lateinische Tragoedien den überall beliebten Schwänken der Jougleurs entgegengesetzt: im ersten Stück dieser Art wurden die Wunder der heiligen Katharina dramatisiert. Es wird das eben kein andres Drama gewesen sein als das, von dem wir handeln. Sacrum drama wird das Leben der heiligen bereits in dem Epitaph des Ardo Smaragdus (Mabillon Acta SS. ord. S. Benedicti II 590) genannt. — „Eine Tragoedie in Versen von Graf Peter dem Dänen fand Benedict von Posen in der Bibliothek zu St. Vincenz (in Breslau)." Klose, Denkwürdigkeiten von Breslau, herausgegeben von Stenzel S. 389; das kann sicherlich auch nichts weiter als ein legendenartiger Versuch in Hexametern gewesen sein.

** Pamphilus von Goldast in Nasonis Pelignensis erotica et amatoria opuscula Francofurti 1610 herausgegeben; keine der vielen Ausgaben, auf deren Texte kein Verlass ist, habe ich benutzt, sondern mich an eine Wiener und eine Leidener Abschrift gehalten. In Breslau selbst sind mir mehrere Handschriften bekannt; die eine (Universitätsbibl. IV, Q 53, s. XV) recht gut geschrieben; eingesehen habe ich zudem eine Berliner Handschrift. Kaum dürfte in irgend einer Handschriftensammlung ein oder mehrere Exemplare dieses Gedichts fehlen. Adolphe Baudouin, der soeben die Zahl der untauglichen Ausgaben durch eine neue (Paris 1874) vermehrt hat, kennt nur zwei junge Handschriften in Basel und Zürich, seinen Text gibt er nach der Ausgabe des Claude Jaumar Paris 1499.

*** Der Ovidius puellarum, auch Ovidius trium puellarum oder de nuntio sagaci, ist gleichfalls von Goldast 1610 herausgegeben. Ich habe den Wiener Codex benutzt.

Pamphilus*, den selbst Eberard von Bethune als Schullectüre zu empfehlen keine Scheu trug; mit welchem Erfolg, zeigt die Unmasse von Handschriften bis zum Ende des fünfzehnten Jahrhunderts und die die Aufgabe jener fortführenden Drucke bis ins sechzehnte Jahrhundert hinein. Und auch das zweite wird empfohlen durch den Bamberger Schulrector Hugo von Trimberg. Nach Italien führt uns das Gedicht des Richters Richard von Venusia**, welches Paulinus und Polla überschrieben ist, ein Gedicht trotz einzelner ergetzlicher Züge doch so entsetzlich langweilig, dass man schon daraus erkennen dürfte, wie nothwendig zunächst für Italien eine Neubelebung durch die antiken Vorbilder war, und es erklärlich findet, wie dort um so viel rascher als anderwärts diese erneuten Studien Anklang finden konnten. Dies Werk besteht aus einer Reihe von salbadernden Einzel- und Zwiegesprächen zwischen einem Richter und den im Titel genannten Personen, die trotz ihres Alters sich ehelich verbinden wollen; man streitet für und wider eine solche naturwidrige Ehe, dazwischen werden komische Zwischenfälle dargestellt, die den ersteren von seinem Widerspruch abzubringen nicht vermögen. Ein solches Werk hat der Dichter sich nicht gescheut, dem Kaiser Friedrich zu widmen, dessen Canzler Rainald von Dassel, der doch ein wirkliches Talent, den Archipoeta, in seinem Gefolge hatte, darin hoch erhoben wird***.

---

* „Pamphilum dupliciter sic Thais emungit" heisst es schon C. Burana CXCIX Str. 8.

** Nachlässig herausgegeben von Du Méril in Poésies inédites 1854. Durch rechte Benutzung der nur flüchtig eingesehenen Leidener Handschrift hätte der Text sehr gewinnen können. Auch in Deutschland scheinen die Handschriften nicht ganz zu fehlen. Eine junge Leipziger gibt das Fellersche Verzeichniss an, in München liegt eine leidliche Abschrift Hartmann Schedels v. J. 1463.

*** In dem Codex Christinae 344 (1599) s. XIII in. finden sich einige novellenhafte Gedichte, die möglicher Weise auch hierher gehören: f. 43 De patricida „Semper ut ex aliqua etc." und f. 52 „Vernat eques, vix prima genis lanugo susurrat etc.," dies letztere von ziemlicher Länge. Auch Wolsteins Gedicht de homine qui unda manu ignitum calibem portavit, bei Th. Wright Biographia brit. lit. Anglo-saxon

Nicht gar lange dauerte es, da fand in Petrarcas Zeit Albertus Mussatus, der Historiker und Dichter aus Padua († 1329) die Tragoedien des Seneca, nach deren Muster er eigene Tragoedien zu schreiben unternahm; nicht nur eine Achilleis hat er hinterlassen, in der er auf einen verwandten Stoff die Anregung und den Gewinn aus der Lectüre des Tragikers zu übertragen versuchte, sondern er ist weiter gegangen und hat sich einen gewaltigen Stoff aus der Zeitgeschichte selbst gewählt, Ezzelins Sturz, und wenn er ihn auch nicht bewältigt hat, den Muth, den er dadurch bewiesen, müssen wir ebenso anerkennen, als den für den ersten Anfang nicht so gar unglücklichen Ausfall dieses Experiments. Sein Nachfolger Gregorius Corrarius wandte sich wieder zur Mythologie zurück in seiner gefeierten Progne. Petrarca selbst, wie andere meinen, nicht er, sondern der Forentinische Canzler Colucius Salutatus († 1406) hatte sich gleichermassen an einer Medea versucht; über die Bestrebungen andrer verlauten nur unzuverlässige Notizen. Die Komoedie harrte der Erneuerung, bis der Orsinische Codex des Plautus nach Italien kam. Die Anregung, die dadurch gegeben wurde, habe ich bereits anderwärts zu skizzieren versucht*. Die Aufführungen Plautinischer und Terentianischer Stücke durch Pomponio Leti, die Scenenergänzungen bei Plautus durch Gregorio Coreri, Antonio Beccadelli, Ermolao Barbaro, die

---

period. S. 472 ff., kann hierher gerechnet werden. Daran schliessen sich dann Anekdoten und Schwänke kürzerer Art, wie die von mir im Anzeiger des Germanischen Museums 1871 n. 1 mitgetheilten, oder das Gedicht de rustico ebrio, das Riese aus der latein. Anthologie (Burmann V 129. Meyer 1069) verwiesen und in der praefatio II S. XLIV hat abdrucken lassen: es stammt aus einer Handschrift des 13. Jahrhunderts; „nativo quodam et vivido colore delectat", urtheilt Riese mit Recht. Auch Burm. V 197 = Meyer 1126 (Militis uxorem clamidis mercede subegit) gehört hierher.

* Fleckeisen und Masius, Jahrb. für Phil. und Päd. II. Abth. 1874 S. 131 ff. Die dort S. 135 besprochene Komoedie Dolotechne hat ihr Verfasser im Alter von 31 Jahren gedichtet. Die Münchner Handschrift lat. No. 6 enthält eine von demselben i. J. 1539, dem 66. seines Lebens, beendete lateinische Uebersetzung von Procli commentariorum libri III (Procli in I Elem. Euclidis librum Comm. ed. G. Friedlein, Lipsiae 1873).

kritischen Bemühungen des letzteren wie andrer um den Text, so wenig erspriesslich sie immer sein mochten, erfolgten erst in dieser Zeit und waren von eigenen Nachahmungen begleitet*. Dies weiter auszuführen muss einer anderen Gelegenheit aufbehalten bleiben; wir haben der Aufgabe, die wir uns für diesmal gesetzt, genügt, wenn es uns gelungen ist nachzuweisen, dass in der That auch ausser den Leistungen der Hrotsvith und den geistlichen Spielen es im Mittelalter eine Komoedie gegeben, die einen Anspruch darauf hat, in der Geschichte der mittelalterlichen dramatischen Litteratur genannt zu werden, vielleicht sogar ihrer Wirkung nach mehr Anspruch als die Producte der Gandersheimer Nonne; gleichzeitig einen Baustein zu liefern zur Ueberbrückung der Kluft, welche in die naturgemässe Verbindung der Neuzeit mit dem Alterthum durch das Mittelalter bei den gewaltsamen Fortschritten der Renaissance gerissen worden ist, so dass aus dem Gedächtniss der Menschen getilgt zu sein scheint, was zum Verständniss jener Zeiten erhebliche Beiträge zu liefern geeignet ist.

---

* F. Ritschl, Opuscula II S. 30 nach Vespasiano bei A. Mai Spicil. Rom. I, 548. F. Ritschl, Proll. ad Trinummum p. XLVI. Muratori, de ludis publicis medii aevi (Antiqq. Ital. t. II Diss. XXIX S. 840). Aufgeführt wurden vermuthlich Amphitruo, Casina, Mostellaria; Hercules I von Este soll selbst die Menaechmi übersetzt haben; Mostellaria und Menaechmi gehören beide zu den neu bekannt gewordenen Komoedien.